世界歴史叢書

芸術の都ウィーンとナチス

アルマ・マーラー、青山ミツコの「輪舞」

浜本隆志

明石書店

目次

まえがき——芸術の都ウィーンのヒロインたち……9

第I部　美貌のヒロイン、アルマ・マーラーの男性遍歴

第一章　ウィーンの若き「画家」ヒトラー……14
若きヒトラーのウィーン彷徨／ヒトラーはなぜ「画家」になれなかったのか

コラム1　ヒトラーと同時代にウィーンに住んだ、スターリン、トロツキー　20

第二章　世紀末の多民族都市ウィーンとモダニズム芸術……23
ウィーンのユダヤ人／ウィーンの近代化、リングシュトラーセ（環状道路）の開設／ウィーンのカフェハウス文化／ウィーン・モダニズムとは／音楽／絵画／文学／建築・装飾

第三章　ウィーン社交界の華アルマ登場、クリムトとの出会い……41
アルマの家族の秘密／クリムトとの出会い
コラム2　クリムトの恋人、エミーリエ・フレーゲ　46
第四章　アルマとグスタフ・マーラーの結婚……48
出会いと結婚生活／亀裂の拡大
第五章　アルマとココシュカの同棲、グロピウスとの再婚……53
ココシュカの「風の花嫁」／「アルマ人形」伝説／グロピウスとの再婚／バウハウス
第六章　表現主義者ヴェルフェルとの三度目の結婚……63
ヴェルフェルとの出会い／ヴェルフェルの『モーセ山の四〇日』
コラム3　カフカとミレナ、ウィーンの森の忍び逢い　68
コラム4　アルバン・ベルクの「ある天使の思い出に」　71

第七章　ナチス支配下のウィーンのユダヤ人たち……74
ナチスの「退廃芸術展」とオーストリア併合／ユダヤ人財産の没収――盗まれた「アデーレ・ブロッホ＝バウアーの肖像Ⅰ」／追放されるユダヤ人／オーストリア・ユダヤ人問題の責任者アイヒマンとロスチャイルド家
コラム5　ウィーンのロスチャイルド家のルーツ　86
第八章　ミューズとしてのアルマ……88
アメリカ亡命後のアルマ、ウィーン再訪／晩年のアルマのモノローグ／アルマは何者であったのか
コラム6　追跡されるナチス幹部、アイヒマンの最期　97
コラム7　ミューズとしてのジョルジュ・サンド　99

第Ⅱ部　オーストリア＝ハンガリー帝国へ嫁した青山ミツコ

第一章　東京、出会い …… 102
伯爵ハインリヒ・クーデンホーフ／多民族帝国の伯爵夫人と七人の子供たち

第二章　クーデンホーフ伯爵の闇、ウィーンへやってきたミツコ …… 108
暗転／夫の秘密／ウィーンのミツコ

コラム8　クーデンホーフ家のルーツ　113

第三章　子供たちの成長と離反 …… 116
奮闘するミツコ／子供たちの結婚騒ぎ

第四章　次男リヒャルトのパン・ヨーロッパ運動 …… 122
パン・ヨーロッパ構想／賛同する人びと／リヒャルトとフリーメイソン

第五章　ナチスとの対決――次男リヒャルトと長女エリーザベトの連携 …… 130
ヒトラーによるパン・ヨーロッパ運動の禁止／リヒャルトとムッソリーニの会談／ドルフス首相暗殺とミツコの長女エリーザベト
コラム9　日独伊、枢軸国のすき間風　138
第六章　ミツコと次女オルガ、そして竹久夢二の出会い …… 142
夢二のヨーロッパ旅行／「扇をもつ女」のモデルは？／着物の「右前」と「左前」／ベルリンの夢二とユダヤ人
第七章　三男ゲロルフとミツコの死 …… 149
三男ゲロルフの日本学／ミツコの死
第八章　「ウィーン玉手箱」、孫ミヒャエルのミツコ追想 …… 153
ミツコの孫ミヒャエルの絵／ミヒャエルのヒューマニズム／ミツコ追想

コラム10 ミヒャエルが師から聞いた受験生ヒトラーのエピソード 161

第九章 ミツコの第二の故郷を訪ねて …… 164
ドイツからボヘミアへ／ロンスペルク城の窓――望郷／ボヘミア民謡

あとがき――ウィーン残照 …… 171

初出一覧 176
参考文献 177

まえがき——芸術の都ウィーンのヒロインたち

一九世紀末から二〇世紀初頭のウィーンは、ハプスブルク王朝が末期を迎えても、パリと並んで芸術文化の花開いた帝都であった。絵画ではクリムト、ココシュカ、シーレたちがアール・ヌーヴォーの新境地を切り拓いていたし、文学ではホフマンスタール、クラウス、トラークル、シュニッツラーらが競い合っていた。音楽ではグスタフ・マーラー、ツイムリンスキー、シェーンベルクらが異彩を放っていた。オーストリア゠ハンガリー帝国の首都ウィーンは、このように芸術の分野では、いわゆるウィーン・モダニズムが花開き、退廃、官能と新時代の予感が渦巻く魅惑の都市であった。

これらの業績についてはすでに日本でも個別に数多く紹介されてきた。本書では第Ⅰ部と第Ⅱ部に分け、第Ⅰ部では、二〇世紀初頭のウィーンで活躍した音楽家グスタフ・マーラーの妻アルマ・マーラー（一八七九～一九六四）を取り上げた。美貌の彼女をめぐる浮名は有名で、まずクリムトが彼女を追いかけまわしたという伝説があるが、アルマの両親が二人を引き離したという。その後、アルマは音楽家マーラーと結婚したけれども、かれの死後、バウハウスの建築家で知られたグロピウスと再婚した。しかしそれだけにとどまらず、アルマは画家ココシュカと内縁関係を結びながら、小説家ヴェルフェルと三度目の結婚をするという、華麗な男性遍歴を繰り返したことで知られている。要するにアルマはミューズの役割を果たし、ウィーン・モダニズム成立の起爆剤となった女性といえよう。ところがナチスのオーストリア併合（一九三八）後、ウィーン・モダニズムの芸術は弾圧され、大きく変貌してしまった。しかしそれがどのように解体され、芸術の都のナチス化が展開されたのか、これまであまり明かにされていなかった。この問題を、アルマを通じてクローズアップしたのが、まず本書の第Ⅰ部の特徴といえる。

第Ⅱ部では、一九世紀末にオーストリア＝ハンガリー帝国のクーデンホーフ伯爵と国際結婚した日本人青山みつ（一八七四〜一九四一、以下ミツコと表記）を取り上げた。彼女は芸術家として活躍したわけではないが、まずその果たした役割は、激動のウィーンで七人の子供たちを立派に育て上げたことにある。さらにこのうち、とりわけ本書では次男のリヒャルトと長女エリーザベトがナチスと対峙し、ウィーン史に新しい一ページを開いた点をクローズアップした。さらにはミツコの孫ミヒャエルが画家となり、ウィーンと日本との間に芸術の橋渡しの役割を果たしたことも特筆すべきであるので、かれらの足跡をたどってみた。いわば二人の女性史から芸術の都ウィーンの政治・文化を展望したのが本書の特質である。

なお、サブタイトルの「輪舞」とは、ウィーン社交界のシンボル的なダンスであるが、一九世紀末に一世を風靡したユダヤ人作家、シュニッツラーの『輪舞』の構成とヒロインたちの足跡を二重写ししたものである。その内実は比喩的に、アルマの場合には次々と男性遍歴を重ねたことを、ミツコの場合には子・孫の家系の連鎖をあらわす。こういう構成にしたのは両ヒロインとも同時期に生まれ、ウィーンを中心にして生活し、後半の人生においてナチスの激動の時代を体験しているからだ。ミツコはたえず望郷の念に駆られたが、明治生まれの日本人の誇りと気骨を失わずに、アルマと対照的な人生を歩んできたといえる。

アルマやミツコの後半の人生に大きな影響を与えることになるヒトラー（一八八九～一九四五）も、実は彼女らと同じ時代に、画家を目指して芸術の都ウィーンで暮らしていた。アルマやミツコより一〇歳前後若いヒトラーは、金を使い果たして無宿者のように「浮浪者宿泊所」で寝泊まりしながら、この市街を彷徨していた。かれらは同じウィーンの空気を吸っていたとはいえ、もちろん裕福な家庭に育ったアルマ、伯爵夫人のミツコと極貧のヒトラーは対照的な世界にいたので、それぞれが直接出会うことはありえなかった。

たしかにアルマとミツコや、ヒトラーは、同時代に芸術の都ウィーンにいたという接点がある。その後、ヒトラーは画壇から見放され、モダニズム芸術に怨念を抱くようになった。こうしてウィーンは芸術家から政治家へ転身したヒトラーに蹂躙《じゅうりん》されるという歴史をたどるが、この同時代性と芸術の問題は偶然ではなく、政治と芸術の本質的な問題を内包していると考えられる。本書は以上のような構成で展開するが、最初に第Ⅰ部の第一章で、若きヒトラーがどのように画家修業をおこなっていたのかを概観しておきたい。

第Ⅰ部
美貌のヒロイン、アルマ・マーラーの男性遍歴

アルマ・マーラー（1899）

第一章　ウィーンの若き「画家」ヒトラー

❖若きヒトラーのウィーン彷徨

ヒトラーがウィーンに滞在したのは、一九〇七〜一三年（一時帰郷の中断はある）であったので、時代的にはアルマだけでなく、いわゆるクリムト、シーレ、ココシュカなど、ウィーン・モダニズムの人びとと同じウィーンの空気を吸っていたことになる。しかしこの時代のヒトラーは画家を目指してウィーン造形芸術アカデミーを二度受験したが、二度とも失敗し、年金も底をつき、どん底の生活を余儀なくされた。かれは「浮浪者宿泊所」でユダヤ人と知り合い、ここで絵を描いて売る商売を見出して糊口をしのいでいた。

1907年のヒトラー
（友人のスケッチ）
©alamy

絵画については絶対的な自信をもつヒトラーであったが、その自尊心は崩され、ウィーンの画壇はかれを排除し、徹底的に打ちのめした。当時の途方に暮れた自画像らしいヒトラーの水彩画が残されている（次ページ下の右

ヒトラー憧れのウィーン造形芸術アカデミー

風景画（ヒトラー画）

水面を眺める青年（ヒトラー画、1910ごろ）

図）。これは一九一〇年くらいの作と見られ、石の橋の隅にひとり座り、漠然と水面を眺めている姿を描いたものである。思えばヒトラーより一年前に、ウィーン造形芸術アカデミーに一発合格した一六歳のエゴン・シーレ（一八九〇～一九一八）は、華々しく画壇にデビューしていた。またシーレの師にあたる、モダニズムの旗手クリムトは、ウィーン画壇の頂点にいた。

　ヒトラーは前述のようにユダヤ人と組み、かれが描いた絵をユダヤ人が売りさばくという生活を始めた。ヒトラーの画風は伝統的で、モダニズムと無縁であったが、デッサン力があったのでよく売れた。しかしヒトラーは将来の展望も見通せず、この時代に鬱積した感情を溜め、画壇に対する怨念を増幅させていった。

ヒトラーは絵の他にワーグナー音楽にも強い関心を示した。すでにリンツ時代にウィーンへ行って、マーラーが指揮するワーグナー音楽を直接聞いたことがあった、ウィーン時代のかれは宮廷歌劇場の立ち見席でよくワーグナー音楽を鑑賞し、強く感銘を受け、それを唯一の友人クヴィックに語っていた。しかし当時、マーラーが宮廷歌劇場の指揮者を辞退した後であったので、ウィーン時代のヒトラーがマーラーの演奏を直接聞いたわけではない。もちろんかれの妻アルマとヒトラーは、住む世界が違っていたので面識があるわけもない。当時のウィーンの絵画では、伝統主義と決別したモダニズムが、音楽ではシェーンベルクが一二音階という新しい時代を切り拓いていたが、他方、ヒトラーは絵画でも音楽鑑賞でも、目指した目標がモダニズムとは無縁な伝統的なジャンルのものばかりであった。

❖ヒトラーはなぜ「画家」になれなかったのか

ヒトラーは画才がなかったと酷評する人がいるが、実際はそうではない。手法、対象が一九世紀の古典主義的すぎたのだ。当時、写真が広がり、写実絵はしだいに古臭いものとなりつつあった。二〇世紀初頭のウィーンは、前述のようにクリムト、シーレ、ココシュカなど、モダンな絵が主流であった。しかしなかには古風な古典的な絵を好む顧客もいた。ユダヤ人の「画商」はヒトラーに絵を描か

聖母子像（ヒトラー画、1913）

ウィーン宮廷歌劇場（ヒトラー画、1912）

せ、売りさばいたが、その際、ヒトラーは描く対象を図書館の本や絵葉書から借用し、模写することも多かった。かれの絵は売れたので、「画商」は商売になるヒトラーを重宝し、ウィーン時代だけでも合計何百枚という絵を描かせた。

画家としてのヒトラーは、建築画家としては非凡なものをもっており、風景画に関しても一定以上の才能はあった。人物画は不得手であったといわれているが、実際には人間に興味がなかったので、絵の対象にしなかったというのが実情である。上にウィーン時代のヒトラーの絵を引用しておこう。右はかれが関心をもっていた建築画であり、左は顧客の要望に応じて模写したとされる宗教画である。

若き日のヒトラーにとって、ウィーン時代は「学校」であったが、当時のかれの芸術観や政治観を要約すれば、以下の六点にまとめることができる。

1　ヒトラーが切望した美術学校に入学できなかったことは、かれの屈折した芸術観を生みだし、画壇に対するルサンチマンだけを増幅させた。とくにそれはシーレ、ココシュカなどのウィーン・モダニズムに向けられ、これらを後に退廃芸術と決めつける端緒となった。かれらに比べるとクリムトの絵は具象画が多かったので、ヒトラーはシーレやココシュカの絵ほどクリムトを目の敵にはしなかった。

2　ウィーンの一流画家は多くは、肖像画を描き、その報酬によって生活をすることができたし、とくにかれらは裕福なユダヤ人のパトロンによって仕事を得る機会が多かった。ヒトラーの場合、そのような人脈がなかったし、また肖像画やモダニズムを嫌ったので、画壇に登場する機会は生まれなかった。

3　ヒトラーの絵の才能はないわけではなく、模写を中心に、いわゆる職人技を身に付けていたのは事実である。しかし「画家」としてもっとも重要な芸術的なオリジナリティの追求を欠いていたので、もしかれが「画家」を続けていても、観光客相手に絵を売るという商売の域を出るものではなかった。

4　ワーグナーへの傾倒はそれ以前のリンツ時代から明らかである。ヒトラーはウィーンでもオペラや音楽会へ足繁く通い、とくに「リエンツィ」への感激は特別なものがあった。それは政治家ヒトラーの時代でも続いた。

5　ヒトラーは思想的には民族の誇りを欠いた多民族都市であるウィーンに失望していた。これは官吏であった父親がオーストリア＝ハンガリー帝国に忠誠を誓っていたので、それに対する反発であったと考えられる。この反動からドイツ人至上主義、ナショナリズムに強く共感する。後の政治演説の方法、タブロイドの書き方もウィーン時代の政治家、たとえばキリスト教社会党のカール・ルエーガーや、民族主義者のゲオルク・フォン・シェーネラーたちから学んだ。

6　ユダヤ人観については、『わが闘争』において、ウィーン時代に反ユダヤ主義が確立したという説があるが、それは事実ではない。この時代のヒトラーは、世話になったユダヤ人にはシンパシーを、強欲なユダヤ人に対しては反感を抱くという、当時としては通常のユダヤ人観をもっていた。反ユダヤ主義がイデオロギー化するのは第一次世界大戦終了時の、ミュンヘン時代においてである。

以上述べたのは二〇世紀初頭の若きヒトラーの「画家修業」の概略で、コラム1（次ページ）では同時代にウィーンに結集した政治家たちについてふれているが、これらはウィーンという芸術の都が政治家の卵ともいうべき人びとを惹きつけていた一例を示すものである。しかしこの芸術の都ウィーンについては、それが確立した一九世紀後半まで、歴史をさかのぼり、もう少し詳しく確認しておく必要があろう。

コラム1　ヒトラーと同時代にウィーンに住んだ、スターリン、トロツキー

一九一三～一四年にかけて、偶然であるがウィーンにスターリン、ヒトラー、トロツキーたちがいた。トロツキーやスターリンは、シベリア流刑地から逃亡し、ウィーンへ亡命したが、ロシア革命という大義にもとづいていたとはいえ、ユダヤ人のトロツキーの方が第一次世界大戦の始まるまで、数年間以上、ウィーンに滞在していたので、スターリンより先輩格である。スターリンはレーニンの命によって一九一三年一月にウィーンにやってきて、トロツキーと接触したらしいが、ドイツ語ができなかったので、比較的短期の滞在であった。

当時無名のヒトラーは単にウィーンにいたにすぎず、政治活動をおこなっていない。時の皇帝、フランツ・ヨーゼフ一世や皇位継承者フランツ・フェルディナント大公、精神分析学者フロイトはウィーン在住であったので、ここにいたのは当然である。なおフェルディナントはその後、一九一四年六月二八日に、妻ゾフィーとともにセルビア視察の際にサラエボで暗殺され、これが第一次世界大戦の口火となったのはよく知られている。

後のことであるが、スターリンとトロツキーはロシア革命の路線をめぐって対立し、一国革命論者のスターリンによって永続革命論者のトロツキーは再度亡命を余儀なくされた。同様にユダヤ人であったフロイトは後にナチスに追われてロンドンに亡命した。その後の第二次世界大戦の独ソ戦では、ヒトラーとスターリンは死闘を展開した。これらの歴史は偶然のことのようであるが、その前史であるウィーンにその後の政治の主役たちが集まっていたこと自体が、

同時代にウィーンに集まった人びと（1913〜14）
出典：Bibliographisches Institut, Leipzig より

多文化都市の特徴をよく示す例である。

多民族国家オーストリア＝ハンガリー帝国の首都ウィーンは、近隣諸国の政治亡命者やユダヤ人たちも流入しやすかったという地政学的背景があった。とくにウィーンのカフェハウスは人びとの交流の格好の場所であり、ここを拠点にして情報収集・交換も容易であったからだ。カフェハウス「ツェントラル」はトロツキーの行きつけの店であり、そこへレーニンも顔を出したという。

かつてのユーゴスラヴィ

ア大統領チトーは、若き時代の一九一三年にウィーン近郊のヴィーナー・ノイシュタットにいた。ここはウィーン市内ではないが、オーストリア＝ハンガリー帝国領内であった。チトーが第二次世界大戦後、多民族地域をひとつの国家ユーゴスラヴィアにまとめ上げたことは知られている。もちろんそれは、パルチザンを率いてきたチトー大統領のカリスマ的な政治力のあらわれでもあったとはいえ、亡命時代にかれが、オーストリア＝ハンガリー帝国の多文化国家のあり方を体験していたことも大きく影響している。しかもチトーが統治していたユーゴスラヴィアは、東西冷戦の折にソ連圏にも西側にも属さず、独自路線を貫いてきた。一九八〇年のチトーの没後、とくにセルビア人とアルバニア人の対立が起こり、コソボ紛争として血で血を洗う民族衝突の歴史を繰り返した。いまはユーゴスラヴィアという国は存在せず、六つの国家に分裂している。

第二章
世紀末の多民族都市ウィーンとモダニズム芸術

❖ウィーンのユダヤ人

ここでまず一九世紀後半のウィーンの政治状況を述べておきたい。一八六七年六月に、ハプスブルク帝国の伝統を継承したオーストリア＝ハンガリー帝国が成立した。皇帝はフランツ・ヨーゼフ一世で、ハプスブルク家の最後を飾る人物となる。この帝国もボヘミア、メーレン（チェコ）、ハンガリー、クロアチア、ボスニア、ジーベンビュルゲン（ルーマニアの一部）、ガリシア（ポーランド南部）などから成り立っていた。多民族国家の帝都ウィーンは、近隣の諸地域から有能な人材を吸収した。したがってオーストリア＝ハンガリー帝国には、オーストリア系ドイツ人、ハンガリー人だけでなく、チェコ人、ルーマニア人、アジア系（マジャール人）の民族やユダヤ人などが混在し、合計一二の多民族から成り立っていた。

一九一〇年の言語分布図（次ページ）を見れば、この帝国がモザイク状の多民族国家であったことがよくわかる。帝国の初等教育においてはドイツ語が多かったが、地域によってはその地方の言語も用いられた。皇帝はハプスブルク家伝統の民族融和政策を標榜し、その浸透によって帝国内にはナ

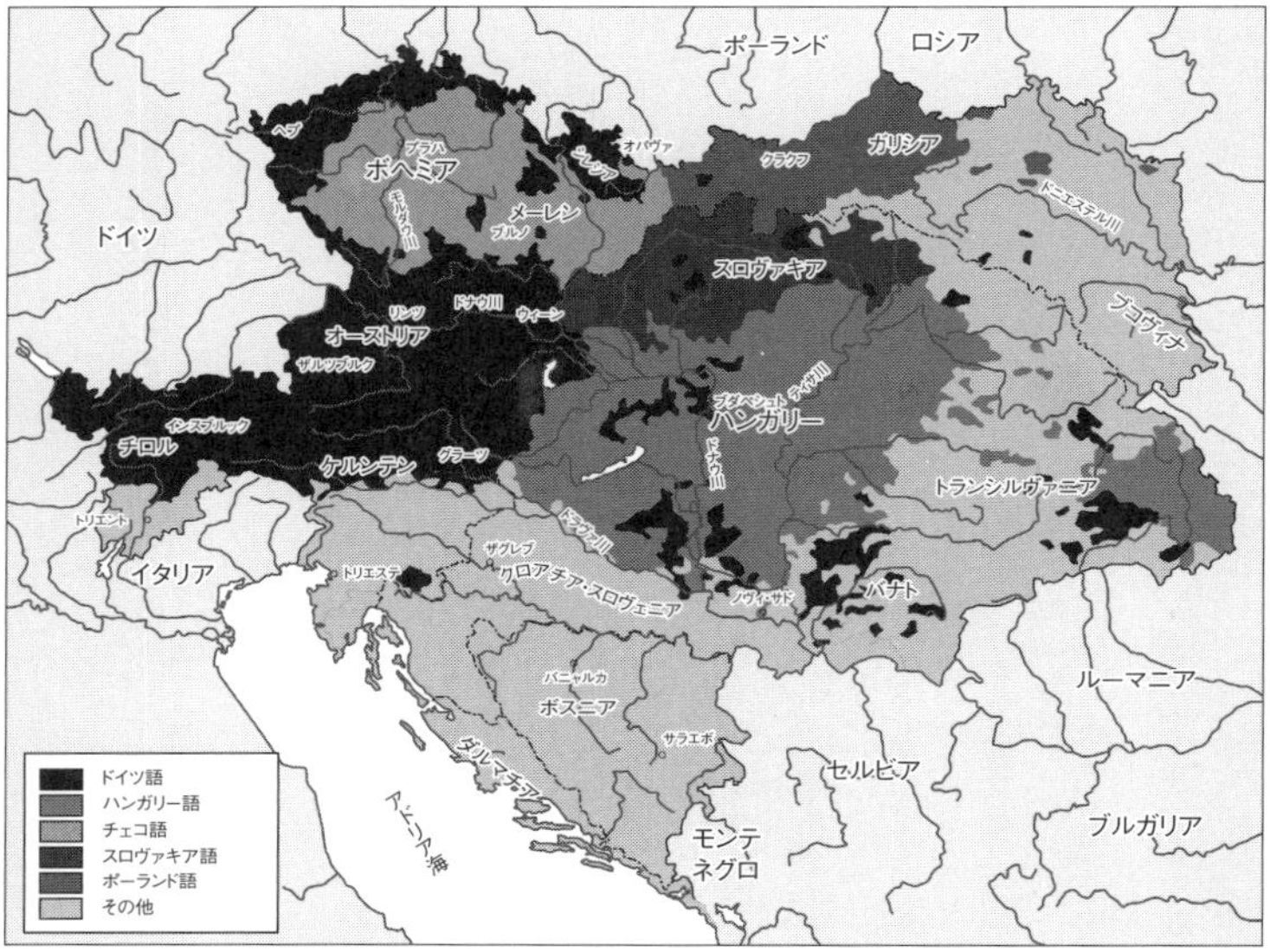

オーストリア＝ハンガリー帝国の言語分布図（1910）

ショナリズムや民族差別は表面上ではないことになっていたが、背後にはこの問題はくすぶり続けていた。とりわけ一九世紀後半から二〇世紀にかけてナショナリズムが高揚してくると、これが多民族国家の屋台骨を揺るがし、ハプスブルク家の落日を促進する結果になった。とどめを刺すのは第一次世界大戦であったが、さらにオーストリア＝ハンガリー帝国内では、文化の中心を担った同化ユダヤ人の存在が、もうひとつの大きな民族的ファクターであった。

一八六七年にオーストリア＝ハンガリー帝国がユダヤ人の移動の自由を容認したことが、ウィーンの芸術文化に大きく寄与した。近隣諸地域からドイツ語教育を受けた、裕福な金融資本家のユダヤ人がウィーンを目指してやってきた。同様に帝国内の各地に住んでいた貧しいユダヤ人も、たと

反ユダヤ・ポスター

民族ユダヤ人の服装

えばガリシア地方（現ポーランド南部）からウィーンへ大量移住してきた。このようにユダヤ人といっても貧富の差があり、宗教的・文化的にも一枚岩ではなかった。宗教的にキリスト教文化に順応した人びとを同化ユダヤ人といい、ユダヤ教やイディッシュ（ユダヤ語）、ユダヤ文化を重視する人びとを民族ユダヤ人（伝統的なユダヤ帽、カフタンを着用。上の右写真参照）といった。

それにもとづいて、ウィーンにおけるかれらの住む場所も二極分化されていた。裕福な同化ユダヤ人、商人や金融資本家たちはウィーンの高級住宅地に住み、貧しいその日暮らしをしていた民族ユダヤ人は、周辺地域のゲットーに住み着いた。このような二極分化した状況は、ユダヤ人問題をより複雑なものにした。というのは中世以来、連綿と継承されてきたユダヤ人差別は、ウィーンにも潜在的に存在したからである。左図にあるようにユダヤ人をヘビになぞらえ、ワシ（ハプスブルク家）を絞め殺しているカリカチュアが描かれている。このような潜在意識は、後のナチスのオーストリア併合によって、ウィーンでも一気に噴出する可能性をもっていたのである。

しかし世紀末のオーストリア＝ハンガリー帝国では、反ユダヤ主義はあったが、原則としてユダヤ教からカトリックに改宗すれば、ユダヤ人でもキリスト教社会で登用された。表面的には能力のあるユダヤ人に対する差別は先鋭化せず、そのため同化ユダヤ人の活動範囲が広がった。かれらのなかにはウィーンの芸術・文化を支える、シュニッツラー、マーラー、ホフマンスタール、シュテファン・ツヴァイク、フロイトなどの中心人物たちがいた。それだけでなく、ウィーンの富裕なユダヤ人たちは、社会貢献として芸術家のパトロンとなって支援をおこなった。たとえばユダヤ人実業家のカール・ヴィトゲンシュタインは、莫大な富を芸術家支援に充てた。その息子の一人で遺産を相続した哲学者ルートヴィヒ・ヴィトゲンシュタインは、ココシュカ、詩人トラークルやリルケなどに匿名で奨学金を与えた。

裕福なユダヤ人だけでなく、周辺地域にいた貧しいユダヤ人たちも、ウィーンという大都会で活路を見出そうとした。結果的にそれは、一九世紀末のウィーンにいたユダヤ人のパーセンテージを増やしていった。たとえば一九〇〇年のウィーンには人口のおよそ八・八％のユダヤ人が住むようになった。ついでチェコ系は七・二％であった。この意味ではユダヤ人の存在は、とくに芸術都市ウィーンではモダニズムの成立にも重要なファクターとなったのである。

❖ウィーンの近代化、リングシュトラーセ（環状道路）の開設

近代ウィーンといえば第二次オスマン帝国軍の包囲（一六八三）によって、かろうじてハプスブル

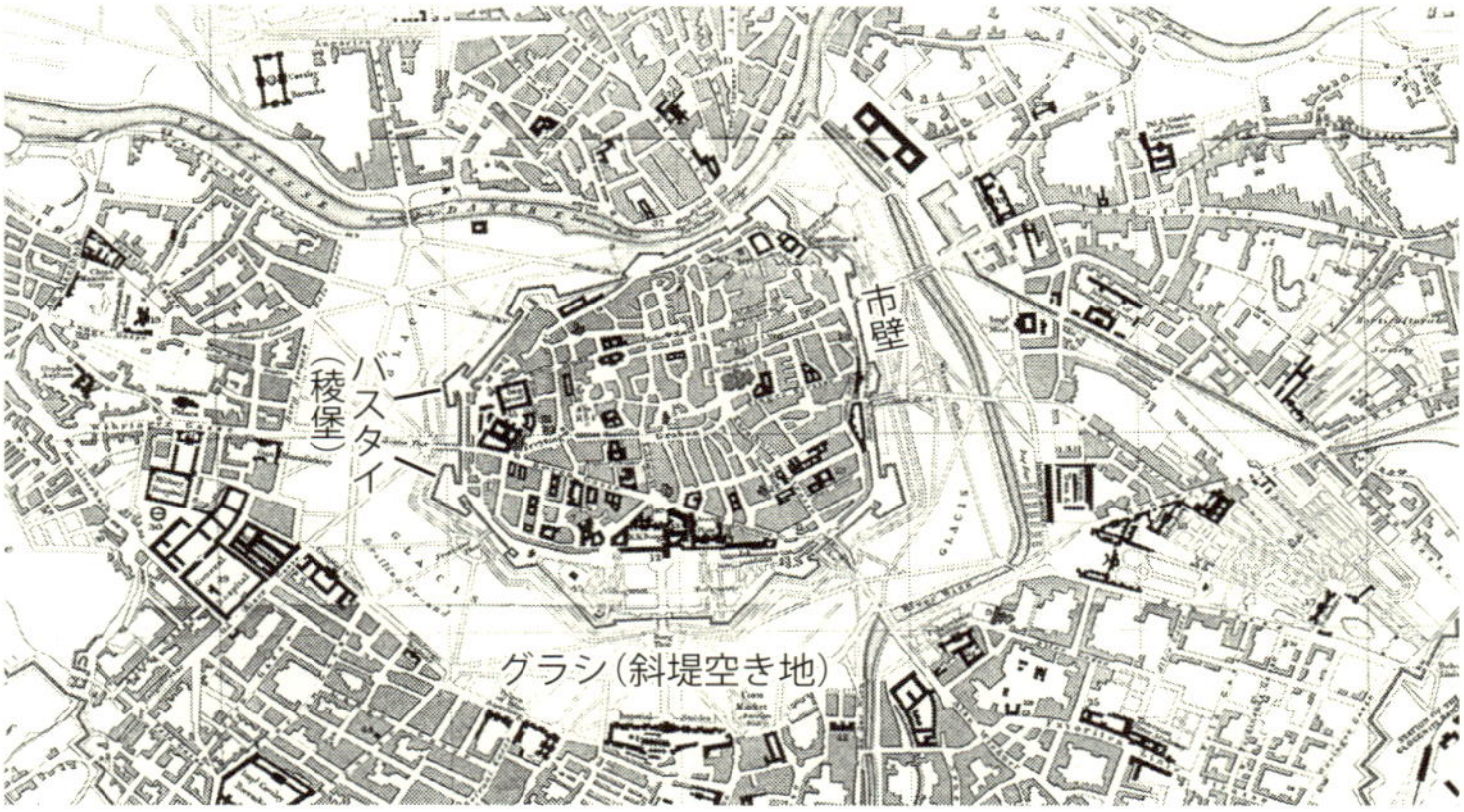

撤去前の市壁とグラシ（ウィーン中心部）

ク帝国の首都だけでなく、キリスト教社会を守った歴史が有名であるが、その際、ウィーンの城塞（市壁）が大きな役割を果たした。しかし大砲の発達などでそれがしだいに無用の長物と化していった。だからヨーロッパの都市は市壁の改造を迫られるようになった。パリなどは手狭になった市壁のため、都市改造をする際に大々的な建物の取り壊しをおこなったが、ウィーンの場合、状況が異なっていた。というのも、ここの市壁はその外側に広大なグラシ（斜堤空き地）があって、他の大都市と異なる構造であったからだ。グラシはウィーン独自の軍事戦略上、設けられていた。

いずれにせよ、他の都市の市壁は早い段階で次々と撤去されていたので、ウィーンの場合も、市壁の存廃が喫緊の課題となった。時の皇帝フランツ・ヨーゼフ一世は、一八五七年末これの廃止を決断した。その結果、一八七〇年には城砦跡はリングシュトラーセへと変貌し、交通網が整備され、ここがウィーン万博の会場にもなった。

さらにリングシュトラーセに隣接する広場に、新しい

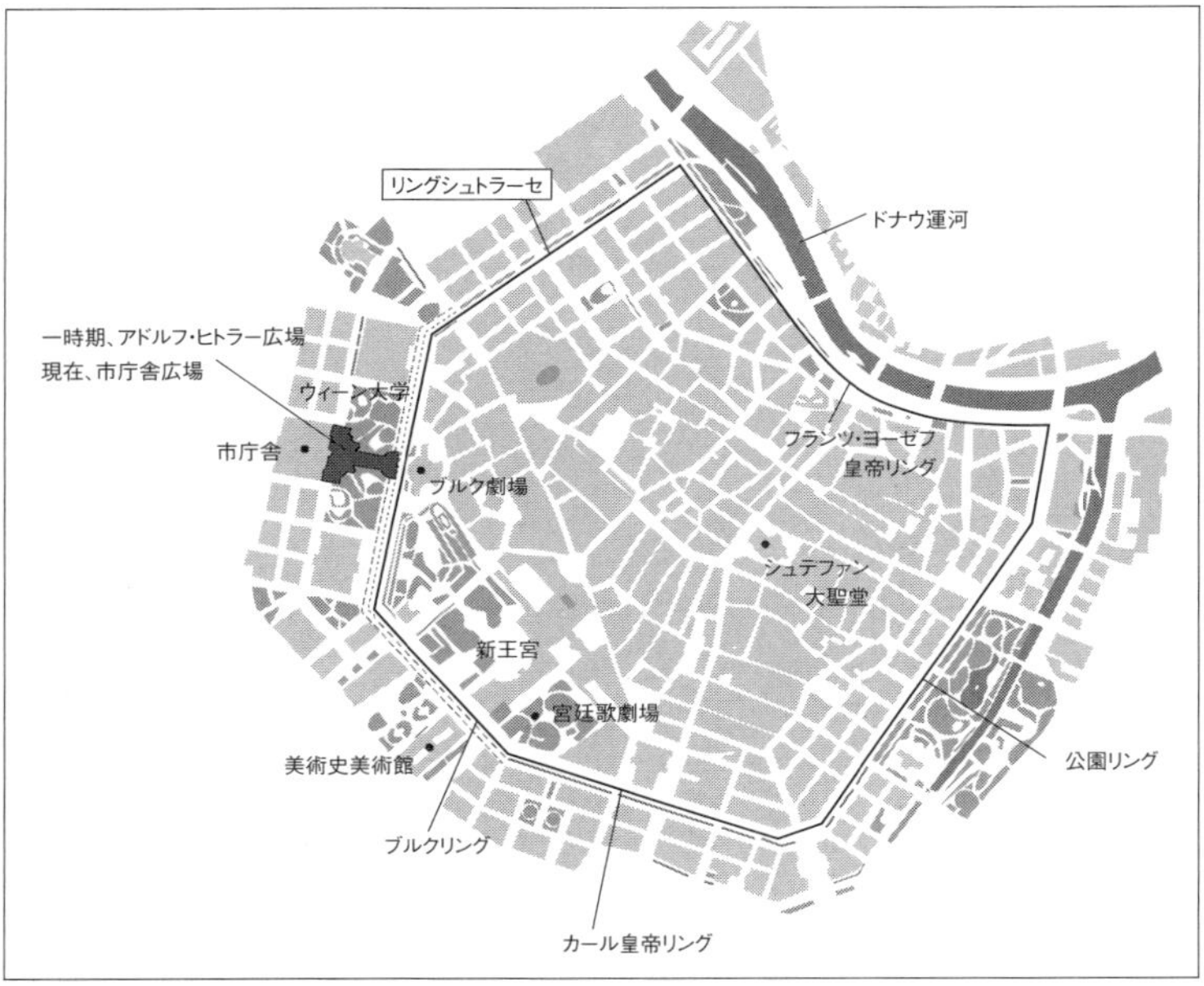

リングシュトラーセと主要施設

ウィーン宮廷歌劇場、ブルク劇場、美術館、大学、市庁舎などの公共施設が一八八五年までに建設された。このため都市の活性化が起こり、これらがウィーンの近代化に大きな役割を果たした。それはウィーンの芸術文化を、宮廷だけでなく市民へ開放する契機となった。その意味から、市壁の撤去がウィーン・モダニズムを生みだす重要な要因となったといえよう。

リングシュトラーセは歴史的に部分を区切って、創設時から名称がそれぞれに付けられてきたが、それもウィーンの歴史を映す鏡となっている。完成時には帝政が敷かれていたので、皇帝の名を冠したシュトラーセ（通り）が多い。しかし共和制以降、名称変更がおこなわれている。さらにナチス時代のオーストリア併合後、市庁舎広場が「アドルフ・ヒトラー広場」と改称されたが、もちろん一九四五年以降にはそれが元に戻されている。

❖ウィーンのカフェハウス文化

世紀末のウィーンのカフェハウス（1896）

世紀末のウィーンの興隆に寄与したのは、カフェハウスの文化である。有名なその由来は、一六八三年にオスマン帝国軍がウィーン包囲を解いて、帰国する際にコーヒー豆を残していったことに始まるとされる。一九世紀末でもカフェハウス内で文化人たちは交流し、議論を闘わせた。直接、知り合いと話すということは、社会的コンタクトの手段として重要である。その情報をもとに新しい芸術の方向性も打ちだすことが可能となった。たとえばフロイトはカフェ・ラン、マーラーはカフェ・インペリアル、シュニッツラーやホフマンスタールはカフェ・グリーンシュタイドルというふうに、各人はそれぞれなじみの店をもっていた。

一人客でもここで新聞を回し読みし、当時、検閲はされていたとはいえ、雑誌も読むことが可能であった。なじみ客はカフェハウスを郵便の受け取り場所としたり、自宅の書斎の延長線上で使用したりしていた。フリーメイソンなどの結社や、サロンは閉じられた空間であるのに対し、カフェハウスはオープンな公共空間であった。その意味でいわゆる「ボヘミアン」たちも、ここに集まり情報交換や交流をすることが可能であった。

❖ウィーン・モダニズムとは

ウィーン・モダニズムとは一九世紀末から二〇世紀初頭に、芸術の都で生じた新しい芸術運動全般を指す。これは音楽、美術、文学、演劇、建築・装飾など、芸術一般に認められたムーブメントであるが、いわゆる分離派、若きウィーン、ユーゲント・シュティルなども包括する。もちろんこれらはウィーンだけに起こった芸術運動ではなく、ドイツのベルリン、ミュンヘン、フランスのパリ、イタリアのミラノなどでも見られ、ヨーロッパの大都市での連動した現象であった。地域によって特徴があり、これはアール・ヌーヴォー、青騎士、ダダイズム、表現主義、キュービズムなど、多くの独自の名称で呼ばれた。背景には世紀末の帝国主義、資本主義の転換期と第一次世界大戦など、政治、社会、芸術の伝統と革新という問題が複合的に絡んでいた。以上がウィーン・モダニズムを生みだす背景であった。

すでに述べたように、ウィーン・モダニズムに影響を与えたいくつかのファクターがあったが、さらにもうひとつ追加するならば、一八七三年のウィーン万博が挙げられる。ここに各国の最新の文化状況が展覧され、それがウィーン芸術にも刺激を与えた。たとえば日本を例に挙げれば、この万博に成立直後の明治維新政府が、伊万里などの工芸品や日本の特産品をはじめて本格的に出品した。これがウィーンにもジャポニスムが影響を与える契機となり、ヨーロッパのアール・ヌーヴォーやクリムトの画風を生みだす源流となった。もちろんジャポニスムには、すでにパリのモネ、ゴッホらを介してヨーロッパへ伝播したルートもあったことを忘れてはならない。以下に、ウィーン・モダニズムの分野ごとの概略と特徴を述べておきたい。

少年モーツァルトの女帝マリア・テレジア御前演奏（1762）

❖音楽

ハプスブルク帝国以来、ウィーンは音楽の都としても名を馳せ、一八世紀以降、ハイドン、モーツァルト、ベートーヴェンなどを惹きつけた。ハプスブルク家が宮廷音楽を重要視し、音楽家を厚遇したからである。その伝統は代々継承され、シューベルトはウィーン近郊生まれであったが、ドイツからブラームス、ボヘミアからマーラー、リンツからはブルックナーらがウィーンへ結集した。最初は宮廷サロンから出発したが、音楽は文化人サロンや市民のコンサートホールでも演奏された。それだけではなく音楽のジャンルは広がり、市民を対象にしたカバレット、オペレッタ、ワルツなども好まれた。ただしパリなどと違って、ウィーンの場合、芸術の枠内にとどまり、革命的な政治批判に向かうこと

ホーフブルク宮殿での宮廷舞踏会（1900）

は少なかった。これが芸術の都ウィーンの特徴といえるのかもしれない。

　時代は下ってフランツ・ヨーゼフ一世のオーストリア＝ハンガリー帝国の時代でも、宮廷舞踏会は継承され、皇帝が主催した。上の絵は一九〇〇年のその模様であり、白い服を着た皇帝フランツ・ヨーゼフ一世を、上流階級の貴婦人たちが取り囲んでいる様子を描いたものである。いうまでもなく、華やかな舞踏会でも音楽が不可欠なものであったが、その伝統的な形式は時代とともに変化をした。

　ウィーンにおいて、オーケストラも宮廷の王侯貴族からしだいに市民へと対象を拡大した。その転換期にグスタフ・マーラーがいた。かれはアルマと知り合いやがて結婚するが、作曲家と指揮者の二足のわらじを履き、ウィーン宮廷オペラ劇場の音楽監督の栄誉も担っていた。と同時に、ウィーンの音楽の伝統に安住するのではなく改革を断行し、独自の新ロマン派的な市民音楽の境地を切り拓いていこうとした。ただし出自がユダヤ人であったので、反発や批判を受けざるをえなかった。

　音楽のモダニズムの極めつけはシェーンベルクの一二階音楽という、斬新な作曲方法である。それは音楽も時代の流れと連動したものであることを示す。その弟子アルバン・ベルクの歌劇『ヴォツェック』

（表記は原作の誤記）は、現代を表現するために一二階音楽を駆使したものであった。劇作家ビューヒナーの、底なしの深淵を表現するには、ベルクは新しい音楽がもっともふさわしい手法であると考えたからである。しかしそれは一般市民には受け入れられず、不評であった。その光景はシェーンベルクがベルクの音楽を指揮して、場内が大混乱に陥ったことを揶揄するカリカチュアが示している。ちなみにマーラーやシェーンベルクは同化ユダヤ人である。

シェーンベルクの12音階のカリカチュア（1913）

❖絵画

絵画では第一人者クリムト（一八六二～一九一八）やその弟子シーレが従来の伝統的絵画から決別し、一八九七年に分離派という新会派を創ったことはよく知られている。かれのもとに最初に集まったのは、一九人の画家たちであった。分離派創設の一因はかれが請け負った壁画をめぐる解釈の違いにあった。しかしその後、クリムトたちは分離派からも袂を分かち、独自の革新的な道を歩むようになる。ウィーンの絵画もハプスブルク家が多文化国家であったことが、大きな影響を及ぼしている。たとえばクリムトの父はチェコ出身、ココシュカの父、シーレの母はボヘミア出身というかたちで、芸術における多民族国家の一面を示す。同じグループではないが、独自の表現主義的な画風のココシュカもモダニズム絵画を生みだしていた。かれらはユダヤ人で

クリムト「パラスト・アテナ」(1898)

はなく、ウィーン近郊生まれが多く、ウィーンで教育を受けた。

クリムトの分離派立ち上げ時代の作品といえば、「パラスト・アテナ」（一八九八）がある。これはウィーンに新しく建てられた会館に展示され、分離派のシンボルであった、いわゆる伝統的な美術観に対する宣戦布告を意味している。ここにはクリムトの思い入れがあふれており、ウィーン・モダニズムの記念碑的な作品である。すなわち美の女神アテナと、その胸にメデューサ、右手に裸の真実の女神を描いている。アテナは芸術や戦いの女神であるが、両性具有であった。髪がヘビで見るものを石に変えてしまうという胸のメデューサは、分離派を批判する人びとに対し威嚇をしていると考えられる。通常、それは楯に描かれることが多いが、ここでは目立つように金色の防具となっている。

なおアテナが右手にもっている小さな裸婦が問題である。これはクリムトが目指す美の世界をシンボル化したものである。絵の成立が一八九八年であるから、このモデルはアルマがクリムトとつきあっていた時代の作品である。それゆえ美の女神はアルマかあるいは後の愛人、エミーリエ（コラム2参照）が二重写しになっているのではなかろうか。というのもクリムトは細身の女性が好みであったから。アルマやエミーリエは当時、細身であったという事実がある。

ウィーンの画家クリムトと並んで、シーレの鬼才ぶりは有名である。ウィーン近郊で生まれたシーレは幼少から画才を発揮し、クリムトと同じウィーン工芸学校を経て、ウィーン造形芸術アカデミーに一六歳で合格した。希望に燃えて入学したアカデミーであったが、やがてここでの旧態依然とした教育方針に失望した。その後かれは、すでに名声を博していたウィーン工芸学校の先輩、クリムトに弟子入りをした。

当時、時代の先端を行くクリムトや分離派のシーレの絵は、ヒトラーと違ってエロス、官能や退廃、生命力と死が漂い、構図も斬新であるが、独特の世界を打ち立てていた。それはヒトラーの描く写実的な絵画とは、いうまでもなく対照的な画風であった。クリムトは伝統的芸術と一線を画し、斬新な幻術の新潮流の旗手となった。芸術面では名声を博し、第一人者として画壇に君臨していたクリムトであったが、脳梗塞の後、スペイン風邪にかかり、一九一八年二月に死亡している。

シーレの自画像（1912）

当時のウィーンのクリムトやシーレは、画風だけでなく、実生活においても人びとの顰蹙《ひんしゅく》を買うものであった。たとえばクリムトの家にはモデルやパトロンなど、一五人もの女性が出入りしていた。かれはそれらの女性とも愛人関係を結び、私生児が生まれても、クリムトはたいして気にしなかった。かれは結果的に生涯にわたり結婚をしなかった。同様にシーレも女性関係にだらしなかった。妹とも近親相姦の仲となったり、幼児性愛者で逮捕騒ぎを引き起こしたりした。かれは娼婦館の女性や、モデル、近隣の女性とも関係を結び、自堕落な生活をしていた。

それにひきかえ同じ画家志望のヒトラーは、あまりにも几帳面で、退廃とは無関係な市民的生活を送っており、芸術家タイプとはほど遠い人物であった。禁欲的で、酒もあまり飲まず、ストイックな生活をし、梅毒を怖がり女性との関係を避けていた。ヒトラーは後にクリムト、シーレ、ココシュカなどのウィーン・モダニズムを「退廃芸術」と決めつけるようになったが、その原点はウィーン時代のかれの生活体験にあったといえよう。

❖文学

ウィーンの世紀末では文学も花開いた。この転換期のウィーン文学は、ハプスブルク家が培ってきた時代精神を色濃く投影していた。それは伝統と革新、道徳と退廃、陽気と憂鬱、貴族社会と市民社会などの重層構造のなかで展開された。その中心を担ったのは、同化ユダヤ人たちであった。才覚に長《た》けたかれらの多くは裕福であり、かつ高度な教養を身に付けていた。この時代を描いた代表的な作家は、先述のシュニッツラーである。

裕福な同化ユダヤ人であったシュニッツラーは本来、ウィーン大学医学部で学んだ医者であった

カール・クラウス『炬火』

19歳のホフマンスタール

シュニッツラー（1900）

が、戯曲作家や小説家としても活躍した。たとえばかれのセンセーショナルな戯曲『輪舞』は、すでに少しふれたが、世紀末ウィーンの退廃文化を代表する作品であり、一世を風靡《ふうび》した。これは世紀末に執筆され、一九〇〇年に私費出版し、サークル内で読まれた。内容は娼婦と兵士から始まり、小間使い少女、若主人、裕福な人妻、その夫、おぼこ娘、詩人、女優、伯爵と娼婦という、当時のウィーンの階層を代表する五組、一〇人の男女の性的関係を描いたものである。最後は最初の娼婦と同一人物へと循環するという構造になっている。当然、当時でも検閲に引っかかったので、初演はウィーンでなくベルリンであった。

すでに世紀末からホフマンスタールやシュニッツラー、シュテファン・ツヴァイク、ムジールたちの同化ユダヤ人が活躍し、かれらの大部分は裕福な資産家出身で、高等教育を受けてウィーン文化の中枢を担っていた。ユダヤ人文筆家のなかで、早熟のホフマンスタールもギムナジウム（高校）時代から活躍したが、もっともユニークなものはカール・クラウスである。モラヴィア出身でウィーン移住者のかれは辛辣な一匹狼で、『炬火』によって権力を激しく批判した。その表現はユダヤ人特有の風刺の辛辣なキレ味を示した。またヨーゼフ・ロートはオーストリア＝ハンガリー帝国において、ユダヤ人は守られると考え、帝政にこだわった。それはユダヤ人が多民族帝国によって保護されていることを知っていたからである。

同化ユダヤ人たちは、ゲットーのあるレオポルトシュタットに住む多くの民族ユダヤ人とは一線を画していた。しかし、ウィーン・モダニズムを継承した同化ユダヤ人作家たちは、二〇世紀前半において生き延びても、帝国が滅びその後のナチスになると、矛先が自分たちに向けられることを知っていた。かれらは亡命という選択が可能であったものばかりではなく、切羽詰まって自殺を余儀なくされるものもいた。しかし貧しい民族ユダヤ人は、亡命の選択肢もなく歴史の波に呑まれ、強制収容所送りという運命が待ち構えていた。

❖建築・装飾

オットー・ヴァーグナー（一八四一〜一九一八）は建築分野であるが、古典主義の伝統と革新の分水嶺に位置している。あのシーレやヒトラーゆかりのウィーン造形芸術アカデミー出身であり、後にこのアカデミーの教授を務めた。クリムトがウィーンの分離派を結成したときには、ヴァーグナーはその派に参画している。年齢は先輩格であったが、ユーゲント・シュティルなど新しい建築・装飾に執念を燃やした。

ウィーンのロースハウス（模型）
Wien Museum蔵

アドルフ・ロース（1904）

なおユーゲント・シュティルはウィーン独自のモノではなく、もとをただせばイギリスのウィリアム・モリスの「アーツ・アンド・クラフツ運動」をルーツとし、フランスではアール・ヌーヴォーとして展開されたことで知られる。ウィーンにおけるその後継者はヴァーグナーだけでなく、装飾は犯罪であると言いきったアドルフ・ロース（一八七〇～一九三三）の方が有名である。モラヴィア出身のモダニズム建築の旗手であったかれは、ヴァーグナーのモダニズムを徹底的に推進し、装飾で飾りたてた建築を野蛮なものとして断罪した。ウィーンに残るロースハウスは、極端なかたちであるが、現代建築のシンプルな外見の方向性を提示するものであった。

本書で登場するアルマの結婚相手である建築家のグロピウスは、ドイツ人であるのでウィーンと直接関係があったわけではないが、建築分野では新しいバウハウス運動の中心人物であった。かれは建築における機能性を重視したので、その意味では、ウィーン・モダニズムとも深いかかわりをもつ建築家であったといえよう。このような芸術におけるモダニズムは、ウィーンが多文化国家のハプスブルク帝国の首都であったことと深いかかわり合いがあった。ハプスブルク家のウィーンはそのようなかたちで、文化融合がおこなわれたからである。

第三章　ウィーン社交界の華アルマ登場、クリムトとの出会い

❖アルマの家族の秘密

アルマの本名はアルマ・マリア・シンドラーといい、有名なウィーン宮廷画家であった父エミール・ヤコブ・シンドラーと音楽家の母アンナ・フォン・ベルゲンの間に生まれた。アルマの母も評判の美貌をそなえ、父シンドラーとの結婚が初婚であるが、父の死去後、母は父の弟子カール・モルと再婚した。このケースはよくあることで、それ自体特別取り上げるべきことではない。ただ母は父の死後、アルマに対して、妹が同じ父の子ではないと漏らしている。すなわち父は画題を求めてよく外国旅行をして留守にすることが多かったという事実がある。アルマの家は大きかったため、当時、父の友人の画家ユリウス・ベルガーが同居していた。

推測であるが、彼女の妹はそのベルガーの子である可能性が高い。かれもウィーン芸術アカデミー出身の画家であって、後にアカデミーの教授にもなった人物である。写真が残っているので比較してみると、たしかに姉妹の顔つきは異なっている（次ページ写真参照）。

この下世話な話題をどう解釈するかは難しいけれど、その事実を聞かされた若いアルマが、大きな

アルマの母アンナ

アルマの父シンドラーの記念像

アルマ（左）と妹

ユリウス・ベルガー

ショックを受けたことは想像に難くない。ただし姉妹はたいへん仲がよかった。

アルマの母ももともと歌手であって、結婚後は現役を引退していたが、母の周辺でも音楽サロンが開かれ、芸術にかかわっていた。アルマはこのような芸術的環境のなかで育っていった。父は彼女に絵画、音楽、文学など芸術に対する英才教育を施した。その意味で彼女はウィーンという帝都を文化的背景にして、芸術全般、とくに音楽に特別な感性をもちながら、あわせて天性の美貌にも恵まれた女性として育っていった。

こうしてアルマはウィーン社交界の華として、しだいに注目されるようになる。この社会は相互のネットワークを通じて、文化人同士の意外なつながりがあった。彼女の華麗な男性遍歴もそのかかわりから展開されることになるが、アルマがウィーン・モダニズムを生みだす重要な役割を果たすバックグラウンドをもった女性であったことが理解できよう。この視点から彼女とクリムトとの関係を述べ、世紀末ないしは二〇世紀初頭におけるウィーン・モダニズム芸術の状況を略述しておきたい。

❖クリムトとの出会い

クリムトとアルマの出会いは、宮廷画家であった父の死に端を発する。それはアルマがまだ一三歳のときであった。前述のように父の弟子の画家カール・モルが母と再婚したので、かれは彼女の義父となった。アルマは実の父を慕って、最高の芸術は何かを教えてもらっていたが、急に出現した義父とはギクシャクした関係にあったといわれている。それは年ごろの娘にとってはよくあることでも

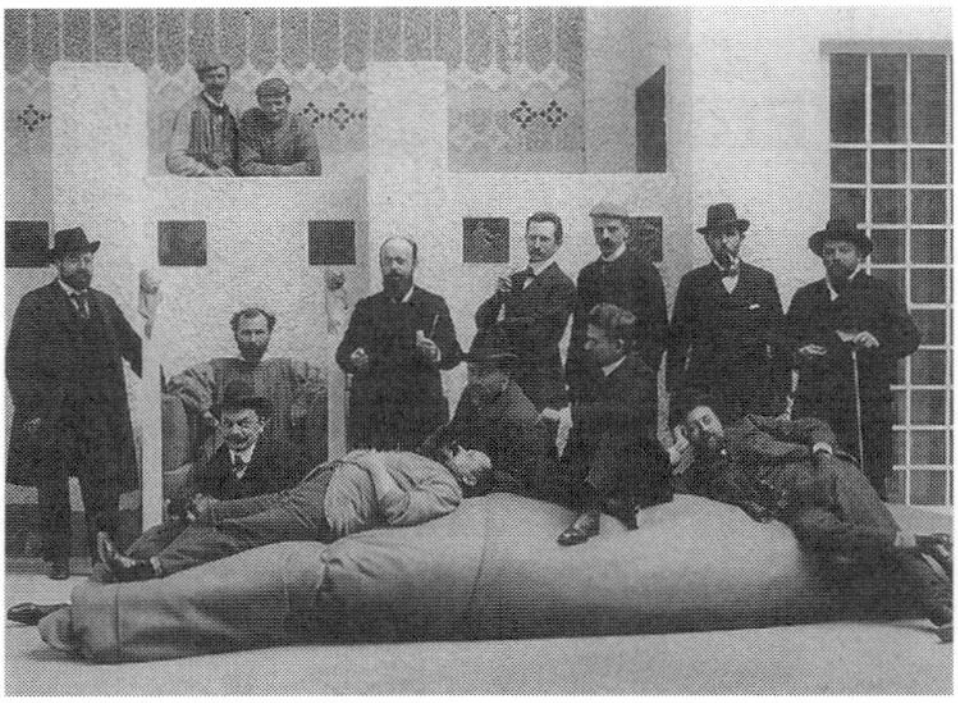

ウィーン分離派の集合写真。後ろの椅子に座っているのがクリムト、前列の右端で肘をついて横たわっているのがモル（1902）

ヴェネチアにて（後列右端クリムト、前列左よりアルマ、義父モル、母、1897）

あった。

カール・モルもクリムトと同じウィーン分離派に属し、後にアール・ヌーヴォーの絵を描いている。モルも分離派のなかでは中心人物のひとりと目され、けっこう著名な画家であり、年齢的にクリムトより少し上で、先輩格にあたった。そのようなかかわりからクリムトはある会合でアルマと出会い、それから彼女に熱を上げ、一八九七年にはイタリアのヴェネチアへの家族旅行にすら、後を追ってついてくるようになる。その際イタリアで撮った、家族とともにクリムトとアルマが写った写真が残っている（右写真）。

クリムトの女癖の悪いことは有名であり、とくにアルマの母は娘とクリムトがキスの段階まで進んでいることを知り、クリムトの友人でもあったモルに二人の仲を引き離すことを頼む。おそらくクリムトはモルと話し合って、彼女から身を引くことを了承したのだろう。というのはアルマの日記に、クリムトが急に私に関心を示さなくなったとあるからだ。

そこで音楽（作曲）にも関心をもっていた彼女は、習っていた音楽教師ツェムリンスキー（後に指揮者兼作曲家として大成、音楽家シェーンベルクの師）と恋愛関係に陥った。その際、師ツェムリンスキーの方が熱を上げるが、アルマは「小柄で醜い男」（彼女の表現）から逃れた。その後、ウィーン宮廷オペラ劇場（当時の呼称）の音楽監督で、名声を博していたグスタフ・マーラーとつきあうようになっていく。

コラム2

クリムトの恋人、エミーリエ・フレーゲ

アルマとの仲を裂かれたクリムトは、エミーリエ・フレーゲ（一八七四〜一九五二）と知り合う。遅くとも一九〇一年には二人は知り合っており、彼女の存在が、クリムトのアルマへの執着をなくしたといえよう。フレーゲはクリムトと結婚こそしなかったが、生涯の伴侶となった。彼女はクリムトの主要作品「エミーリエ・フレーゲの肖像」のモデルとなっていることで有名である。彼女はファッションを扱うブティックをウィーンで経営し、当時の先端を行く女性であった。そのためにクリムトは彼女に援助を惜しまなかった。クリムトの臨終のときに「エミーリエを呼んでくれ」といったのは有名な話である。ではどうしてクリムトは生涯結婚をしなかったのだろうか。かれのエゴとも取れるが、結婚による拘束を避けたかったからである。

エミーリエ・フレーゲ

　さて、アルマにとってエミーリエはどんな女性に見えたのだろう。アルマは彼女に激しい嫉妬の感情をもっていたといわれている。アルマと出会った男はすべて、彼女の思いどおりになったが、クリムトだけはエミーリエに取られたと考えたからである。しかもエミーリエは美貌で、不朽の名画としてキャンバスに残ってい

クリムト「エミーリエ・フレーゲの肖像」

る。若き日に両親が、彼女の将来を思って二人の仲を引き裂いたことに、アルマは感づいていたはずであるが、クリムトが自分の意のままにならなかったことは、結果的に彼女の自尊心を傷つけることになってしまった。

二人は当時としてはめずらしい生き方をした女性たちであった。クリムトはエミーリエと愛人関係にあったが、結婚をせず終生その関係を継続した。他方、アルマは次々と男性を変え、遍歴を繰り返したけれども、結果的には結婚をした。二〇世紀初めとはいえ、当時でも結婚をし、家庭をもち、子育てをするという一般的かつ伝統的な男女のあり方はスタンダードであったからだ。とくにアルマの場合、次から次へと新しい男性を求めていったが、彼女は不倫関係に悩むこともあまりなく、それを繰り返していったことは奇妙なことである。

第四章
アルマとグスタフ・マーラーの結婚

❖出会いと結婚生活

グスタフ・マーラー（一八六〇〜一九一一）はユダヤ人であったが、アルマは芸術を第一義として考えたので、それを気にかけなかった。マーラーはもともとボヘミア生まれであり、ウィーンに移住してきた。子だくさんの家庭で一四人兄弟であったが、成人したのは半数であり家は貧しかった。ただ教育熱心な父のおかげで、かれの将来に活路が開かれた。ウィーンへ流れてくるユダヤ人に対する差別や偏見は、当時でも存在した。そのため宮廷歌劇場の音楽監督になるために、マーラーは一八九七年にユダヤ教からキリスト教（カトリック）へ改宗した。そうすることによって、ユダヤ人もキリスト教社会へ受け入れられた。

アルマは一九〇二年にマーラーと結婚した。彼女は結婚前にすでにかれの子を宿していた。結婚当時、アルマは二三歳、マーラーは一九歳も年上の四二歳であったので、アルマの周辺では年齢差の大きい二人の結婚に反対する意見が多かった。それだけでなくアルマの裕福な家庭環境と、マーラーの貧しいユダヤ人出身という、「身分の違い」を危惧する人もいた。しかし彼女はそれらを押し切り、育った環境から一流の芸術家を結婚相手に選んだ。結婚後、アルマ・マーラーと呼ばれ、彼女は音楽の才能をもちあわせていたこともあり、マーラーの仕事を大いにサポートした。マーラーの方もアルマに触発され、「交響曲第五番アダージェット」を生みだし、これは彼女への献呈曲として知られている。

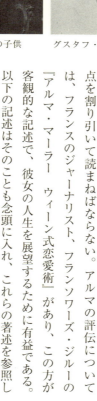

マーラーは宮廷歌劇場の音楽監督という仕事一途の生活をしながら、あわせて作曲もしていた。アルマ・マーラーによる『マーラーの思い出』は伝記的著作であるが、アルマの主観が入りすぎて、どこまで事実か、虚構か判別しがたい。さらにアルマの自伝『わが愛の遍歴』（原題は『わが人生』）も、自分の人生を美化しているので、その点を割り引いて読まねばならない。アルマの評伝については、フランスのジャーナリスト、フランソワーズ・ジルーの『アルマ・マーラー　ウィーン式恋愛術』があり、この方が客観的な記述で、彼女の人生を展望するために有益である。以下の記述はそのことも念頭に入れ、これらの著述を参照しながら展開するものである。

グスタフ・マーラー（1902）

アルマと2人の子供

一九〇二年に結婚してから、夫婦の間には子供も二人生まれ、マーラーの社会的名声、家庭では使用人も雇える経済的余裕などを踏まえると、彼女は外面的には人びともうらやむ

マーラー（1909）

アルマ（1907）

ハンス・シュリースマンのカリ
カチュア「超モダンな指揮者」

結婚生活を送っているように見えた。しかし、家庭内ではボタンの掛け違いによって、アルマ側に不満が増大していた。実際には、マーラーがアルマに作曲を禁じたことがその引き金になった。しかし決定的な転換点は、かれがウィーン宮廷歌劇場の音楽監督を降板してからである。降板の理由はいくつかあるが、最大のものは外野席からの圧力であった。

ウィーン人は音楽にうるさく、うわさ好きである。また批評家や世間の風評は音楽監督をこき下ろすのが常であった。マーラーがユダヤ人で、身長が低いことすら、かれらは不満の種にした。それでもマーラーの指揮は厳格を極め、かれは意にそわない団員を解雇することで有名であった。そのような状況のなかで、かれに対する風当たりが強くなり、マーラーは一九〇七年にとうとう降板せざるをえなくなった。しかし、監督歴が一〇年というのは長い方で、マーラーの実力を認める人も多かったことを物語る。当時のマーラーの指揮ぶりの特徴を、的確にとらえたカリカチュアが残されている

（前ページ下図）。

❖亀裂の拡大

マーラーがウィーン宮廷歌劇場の音楽監督を辞任したことで、アルマにしてみれば、ウィーンのステイタスシンボルを失ったような気持ちに陥ったのではないか。同年に夫婦は長女アンナ・マリアを病気で失う。マーラーはその悲しみを振り払うように、アメリカのニューヨークへの進出をはかり、実際、アメリカでの指揮活動を始めた。結果は好評であったが、ニューヨークへの出張は、当時、旅

シェーンベルク
「グスタフ・マーラーの葬儀」（1911）
Wien Museum蔵

客機はなく船旅であった。そのためマーラーの体力の消耗は激しく、かれは体調を崩していく。

アルマもアメリカへ同行しているが、結果的に一連の出来事が、アルマとマーラーの間に修復不可能な亀裂を生みだすもととなった。これらがマーラーの晩年にアルマの不倫騒動の引き金になったといえる。結婚の後半になると、アルマはマーラーの妻であるということに満足できなくなってきた。それは彼女の行動の常であったが、アルマは新しい男性を求め始めていた。そこへ登場したのが建築家のグロピウスである。その事実を知ったマーラーのショックはあまりにも大きかった。

切羽詰まったマーラーはオランダにいたフロイトの心理療法を受けている。その結果、マーラーの精神的不安は快方に向かう。そこでマーラーは、それまで禁じていたアルマの音楽活動を解禁したが、アルマにとってそれはもう遅すぎた。マーラーはとうとう心労が重なり、一九一一年五月一八日に死去してしまう。その葬儀の情景をシェーンベルクが描き残している（図参照）。かれは音楽だけでなく、絵も描いていたのである。

第五章
アルマとココシュカの同棲、グロピウスとの再婚

❖ココシュカの「風の花嫁」

一九一一年にマーラーが死去した後、彼女はグロピウスとの愛人関係がありながら、今度はウィーン・モダニズムの奇才オスカー・ココシュカ（一八八六〜一九八〇）と恋愛関係に入った。そのきっかけは、一九一二年にアルマの義父となった分離派モルのアトリエに、ココシュカが現れたことによる。彼女はかれに関心があったのか、自分の肖像画を依頼する。これをきっかけにして彼女はたちまち、若きココシュカの心をとらえ、かれの創作にもっとも影響を与える「ミューズ」の役割を果たすようになった。

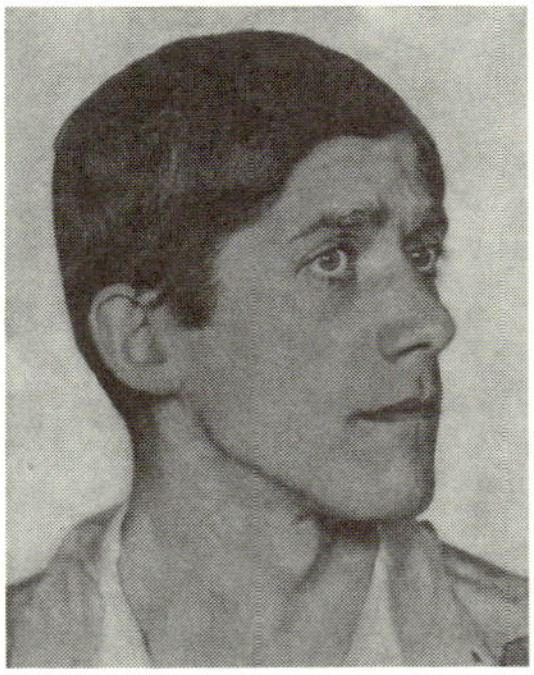

ココシュカ（1919）

ココシュカはクリムト、シーレと並ぶウィーン・モダニズムの三大画家のひとりであるが、表現主義の画家であるとはいえ、特定のグループに入っておらず、一匹狼的な存在である。家系はチェコ人であったが、その画風は斬新で、匿名の資産家から奨学金をもらったほどであるから、将来を嘱望されていた

ココシュカの描いたアルマ像
© Fondation Oskar Kokoschka / ProLitteris, Zurich & JASPAR, Tokyo, 2024 X0275

ココシュカ「風の花嫁」(1913)
© Fondation Oskar Kokoschka / ProLitteris, Zurich & JASPAR, Tokyo, 2024 X0275

のであろう。詩人のトラークルやリルケも同じ奨学金をもらっていた。やがてその贈与主は哲学者のヴィトゲンシュタイン(26ページ参照)であることがわかった。

ココシュカの代表作の「風の花嫁」は、アルマとの関係を赤裸々に描いたものである。この作品に「風の花嫁」という名前をつけたのは、ウィーンで活躍した表現主義の詩人トラークルであった。写真(右図)だけではわからないが、これは縦一八一センチ×横二二〇センチの大きな絵で、詩人がココシュカとアルマの関係を吹き荒れる風と表現したものである。それを予兆するように、二人の関係にはさっそく隙間風が吹き始めた。

アルマはココシュカとは結婚しなかった。かれの独占欲が強すぎ、そのためアルマは結婚という窮屈な関係を嫌ったからである。それとともにココシュカはこの作品を何度も塗り替え、色調が初期のモノとは違ってしだいに暗くなってきたという。彼女の自伝ではその間、ココシュカの子を妊娠していたが、彼女は中絶した。失望してココシュカは第一次世界大戦に志願し、前線へ出向いていく。

❖「アルマ人形」伝説

ココシュカが第一世界大戦に従軍した後、負傷してウィーンへ帰ってみると、アルマはバウハウスの創設者で建築家のグロピウスと結婚していた。アルマを失ったココシュカは腑抜けのようになって、何もする気が起こらなかった。

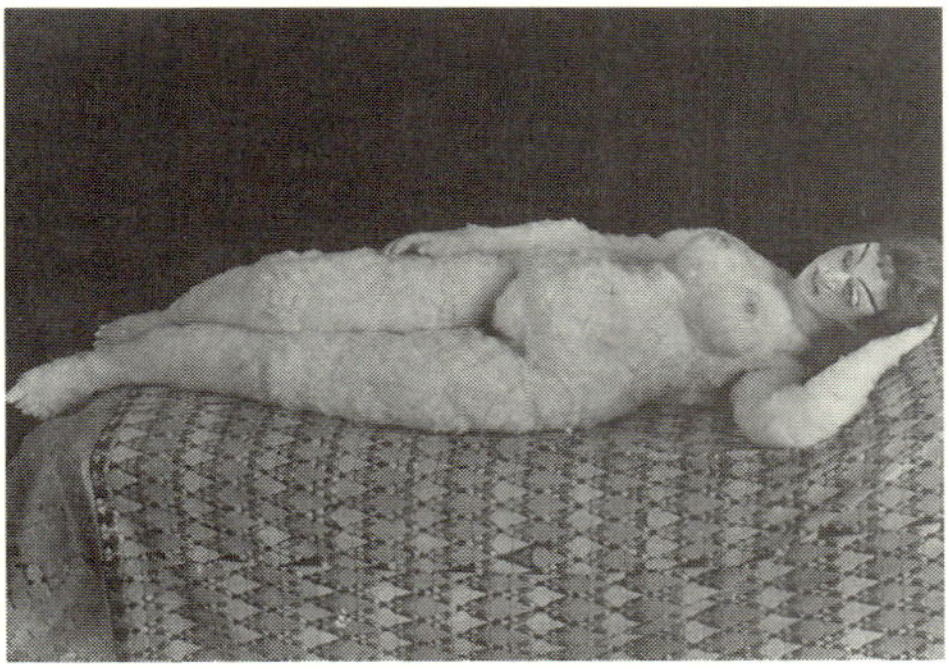

アルマ人形（1919）

そこで等身大のアルマ人形を人形師に制作してもらって、アルマの代替にしようとした。一九一八年にミュンヘンの人形師ヘルミーネ・モースに詳細な図、説明文を送って作ってもらったのが「アルマ人形」である。ココシュカは一九一九年に人形を手に入れるが、その出来栄えに不満であった。アルマのイメージが強烈であったためか、その皮膚感覚まで再現することを求めても、実際には人形師でもそれは不可能なことであるので、誰が作っても同じ結果になっただろう。

その後ココシュカは、アルマ人形を抱いた自画像、スケッチや絵を何枚か描いている（次ページ図参照）。外出する際にも服を着せて連れて行ったといわれているが、それは事実かうわさかわからない。ここまでくると「人形フェチ」といわざるをえ

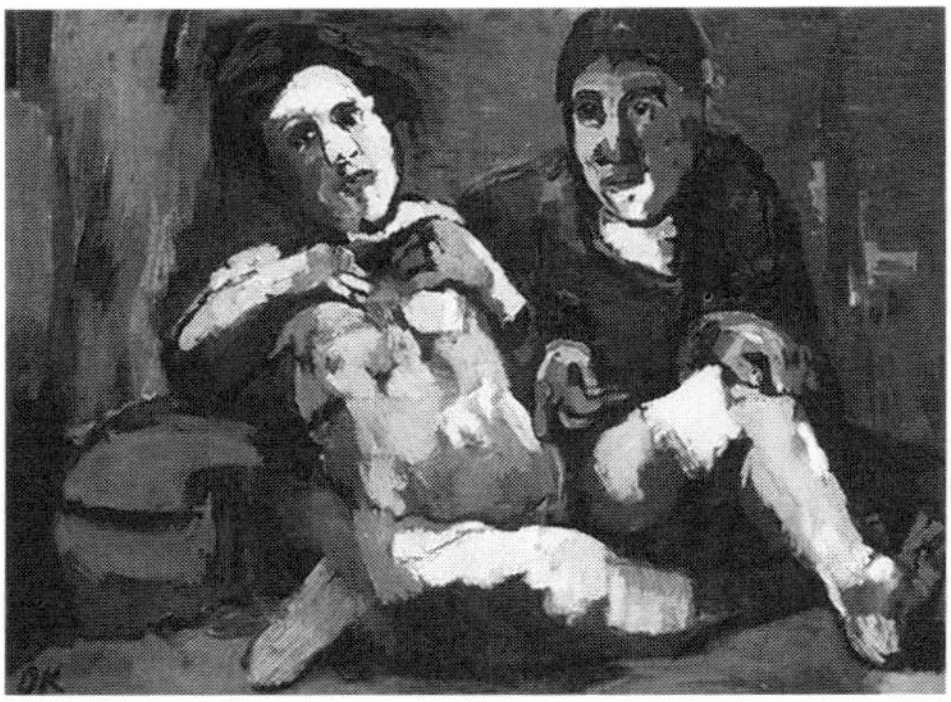
ココシュカ「画家と人形」（1920-21）
Staatliche Museen zu Berlin蔵

なかった。いくつかのエピソードが残っているが、その結末として、一九二二年にココシュカが自宅でパーティを開いたときに、赤ワインを人形にこぼし、アルマを殺害したことにしたという。こうしてココシュカはアルマの呪縛から逃れようとしたのである。

しかしココシュカはその後もアルマを実際にあきらめることができず、彼女が七〇歳になった誕生日に求婚の手紙を出し、結局、婉曲に拒否されたという（90～91ページ参照）。アルマはココシュカにとって永遠の女性であり続けたのである。

なおココシュカとアルマの出会いは、若いヒトラーのウィーン時代と重なり、後半の人形のエピソードは別としても、ユダヤ人マーラーがウィーン宮廷歌劇場の人気監督であったので、マーラーの元妻とココシュカの仲を、音楽に関心があったヒトラーは知っていたのだろう。とくに男女関係を厳しく律していたストイックなヒトラーにとって、ウィーン表現主義の第一人者のココシュカの作品を、後の一九三七年の「退廃芸術展」（74ページ参照）で槍玉に挙げたのは、以上の経緯から「当然」のことであったのかもしれない。

❖グロピウスとの再婚

アルマとヴァルター・グロピウス（一八八三〜一九六九）の出会いは、彼女がココシュカと知り合うより少しさかのぼり、夫マーラーが死ぬ前年のことであった。そのいきさつを略述しておこう。アルマは次女を連れて、一九一〇年の夏にオーストリアのグラーツ近郊のトーベルバートの保養地へ出かけたとき、医者を介してグロピウスとはじめて出会った。彼女は当時、精神的に変調をきたし、療養を兼ねてこの保養地に来ていたのである。グロピウスはベルリン在住のブルジョワであったので、ドイツから休養のためにここまで出かけてきたということになる。彼女の夫マーラーは当時、現イタリアのトープラッハで交響曲一〇番の作曲に専念して、同居していなかった。ちょうど彼女はマーラーとの結婚生活に疲れ、酒におぼれて心に隙があったからか、ここで二人は男女の関係になった。

アルマにはウィーンのサロンでも言い寄る男がいたが、彼女は男性の仕事の能力を嗅ぎ分けることに長けていた。グロピウスの場合、かれが並みの男でないことを彼女はすぐ見抜き、一目置いたが、そのためにマーラーと離婚することまでは考えなかった。そうすればマーラーに決定的なダメージを与えることはわかっていたからである。ウィーンではマーラー夫人のステイタスは、かれが音楽監督をやめても絶大で、彼女はいわゆるウィーン社交界の華としてもてはやされていたからだ。奇妙なことにアルマの母親は、グロピウスとアルマの恋の手引すらおこなっている。母親はアルマの内心を見抜き、自分も若いころ夫を裏切り、夫以外の男と不倫をし、その子を産んでいたからであろうか。

アルマとグロピウスの保養所での出来事は、もちろん不倫ということになる。それはアルマ三一

グロピウスとアルマ、マノン

グロピウス（1920）

歳、グロピウス二七歳のときである。かれらの関係がしばらくして発覚する。その原因は、グロピウスが通常、郵便局留めに送る彼女へのラブレターを間違って、夫のマーラーのもとへ送ったからといわれている。しかし穿った見方をすれば、それは意図的にグロピウスが仕組んだトリックであった可能性が高い。というのもかれはアルマとの結婚を切望していたので、夫婦間の亀裂を意図したからである。

アルマの不倫が判明した後、マーラーはアルマとグロピウスを交え、三人で話し合った。ここでの結論はアルマがマーラーのもとへ帰り、グロピウスと別れることであった。ところがアルマは、グロピウスとは別れずに、手紙を通じて交際を続けた。やがてマーラーは死去してしまうが、それからアルマは、前述のようにグロピウスだけでなくココシュカとも関係をもつようになった。グロピウスは第一次世界大戦へ出征中であったが、一九一五年八月に一時帰国したとき、ベルリンでアルマと結婚する。そして、アルマはマノンというグロピウスの子を産む。この子が成長して作曲家アルバン・ベルクにたいへんかわいがられ、名曲「ある天使の思い出に」

を生みだす契機になるが、それについては後述する（コラム4参照）。

一九一八年八月にアルマは難産の末、男の子を産む。しかしこの第二子はグロピウスではなく、作家ヴェルフェルの子で、その出来事にグロピウスは驚愕する。しかしグロピウスはそれでも、ワイマルにおいてバウハウス開設に尽力をした。アルマも一時期ワイマルへ移住し、グロピウスとやり直そうとするが、ここはあまりにも小さな町なので我慢ができず、長女マノンを連れてウィーンへ帰ってしまう。グロピウスはバウハウスの立ち上げに没頭し、これは曲がりなりにも設立でき、構想は軌道に乗る。

一段落したグロピウスは、アルマがヴェルフェルと関係し、かれの子を産んだことを確認して離婚を決意する。グロピウスが子供を引き取るという条件付きで、一九二〇年に正式に離婚が成立した。この一連のアルマの行動は、通常、理解に苦しむが、彼女の告白によれば、自分のなかにもうひとりの自由奔放なアルマがいて、それを制御できなかったというのである。

❖バウハウス

バウハウスという工芸学校は、一九一九年にグロピウスによってワイマルに設立された。かれは建築を「総合芸術作品」、あるいは「総合住宅建築」と位置づけ、実用性と機能性を重視した。グロピウスのバウハウスのイメージは、かつてのゴシック大聖堂を中世的な総合建築とみなし、それを現代風にモディファイし、装飾を取り払い、立体空間を造りだすというものであった。かれは二〇世紀の新時代の建築家として主導的役割を果たしたが、その他、この学校ではクレーやカンディンスキー、ファイニンガーなどのモダニズムの芸術家や、ロシア革命に賛同する人たちも、バウハウス教育にかかわった。

一般にバウハウスは、日本では狭義に受け止められ、新しい建築運動と解する人が多いが、建築だけでなく、このようにモダニズム芸術家も包括する内実をもっていた。とくにかれらの指導者たちのなかにはユダヤ人、ロシア人たちがおり、ロシア革命や共産主義に賛同している人びともいた。バウハウスを糾弾したのは、おもにヒトラーをはじめ、ナチスの右翼政治家たちであったが、かれらはユダヤ人や共産主義者を敵対勢力の本丸とみなし、バウハウスのメンバーを排除しようとしたのである。

ワイマル共和国の誕生とともに古都ワイマルにバウハウスができたのは、象徴的なことである。かつての一極集中の君主政ではなく、多様な意見の混在するワイマル共和国では権力のあり方が根本的に異なっていたからだ。バウハウスの合理主義は、断片化、分裂化する時代のなかで統合的な機能美を追求したが、これが近代建築のスタートであるといってよい。使用する建材は、鉄、ガラス、コンクリートであった。とくにバウハウスの椅子は機能美を追求したものとして、有名となった。ただし先進的な教育方法や教授たちのリベラルな政治スタンスは、ナチスよりも先にワイマル当局や住民たちと摩擦が生じたので、バウハウスの教授たちは好条件で支援してくれるデッサウへ、一九二五年に移転することになった。

次ページに示すのは、デッサウのバウハウス学校（一九二五～二六）であるが、二つの写真を合わせ

バウハウス・デッサウ。校舎の外観（右）と開閉式の窓（左）

て見れば鉄とコンクリート、そして全面的な広い窓ガラスという現代建築の典型例が確認できよう。とくにバウハウスでは窓の換気も、自然とのコミュニケーションとして大きなテーマになった。これらは伝統性を重視するドイツ保守派の建築家や職人から攻撃の対象となった。あわせてこのような前衛的な芸術運動は、デッサウでも政治的に攻撃目標にされ始め、ナチスや右翼は、かれらを共産主義者でありユダヤ人の集団だというプロパガンダを展開し、誹謗中傷をおこなった。アインシュタインやノーベル賞作家のハウプトマンらがバウハウス側を擁護した。結局、デッサウでも地方議会にナチスが多数派を占めるようになり、バウハウスはここからも締め出されてしまうのである。

こうした反対運動も絡んで、バウハウス芸術学校は、一九三二年にベルリンへ移転したが、とどめを刺したのはベルリンのナチス本部である。これはヒトラーの権力を誇示する建築理念と合わずに一九三三年に禁止される。ヒトラーは機能ではなく、壮大な他を圧倒する建築構造を好んだからである。しかし第二世界大戦後、ナチスの芸術論は崩壊しただけでなく、建築の合理主義、機能主義が時代の流れとなり、バウハウスの目指した機能的建築の方向性は、世界の各都市でも主流となっていく。

グロピウスはもはやナチス政治のもとでは、展望が拓けないと悟り、一九三四年にイギリスに亡命し、さらにかれは一九三七年にはアメリカのハーバード大学教授として招聘された。その意味においてアルマはグロピウスの才能を本能的に見抜いたといえよう。巡りめぐってアルマも結局、アメリカへ亡命し、元夫婦はここで再会するのである。

アルマと結婚したグロピウスは、もともとドイツ人でウィーンに移住しようという気はなく、ワイマルでバウハウス運動を主宰して多忙であった。二人はすれ違い生活が続き、やがて四年後に離婚話がもちあがる。すると彼女は婚姻関係にあったグロピウスや言い寄っていたココシュカを無視し、今度は表現主義の文学者で、当時一世を風靡したフランツ・ヴェルフェルと恋愛関係に入り、やがて再再婚するのである。なおグロピウスとの離婚の直接的な原因は、前述のようにアルマがヴェルフェルの子を宿したからである。

このようにアルマは音楽家、画家、建築家、文学者と渡り歩き、かれらの才能を開花させた「ミューズ」として、あるいは「魔性の女」として知られている。しかもかかわった男性は、一九世紀末から二〇世紀初頭の時代の転換期に、ウィーン・モダニズムの旗手であった有名人ばかりである。そして共通しているのは、愛の主導権は彼女が握り、次々と相手を変えていくという点である。最後の結婚相手のヴェルフェルは、彼女の癖をよく知っており、その後、別の男にうつつを抜かすアルマの姿を見て「彼女は本物の魔術師だ」と表現した。

第六章　表現主義者ヴェルフェルとの三度目の結婚

❖ヴェルフェルとの出会い

ユダヤ人であり、プラハ出身のフランツ・ヴェルフェル（一八九〇〜一九四五）は表現主義の作家といわれるが、作風はそれに収まりきらずに幅広い。アルマとの出会いはウィーンの文学サロンであった。第一次世界大戦中であったが、彼女は一九一六年一〇月に、グロピウスとの間に女の子マノンが生まれたお祝いの会を開いた。アルマのサロン仲間がそこへ駆けつけた。集まったのはシェーンベルク夫妻、ベルク、クリムト、シュニッツラー、さらに二七歳のヴェルフェルも現れた。かれはすでに小説家として、当時の人気作家トーマス・マン並みに見られており、社交家で相手を飽きさせず、サロンやカフェの雰囲気を好んだ。

彼女がヴェルフェルに関心を示したのは、かれの詩に惚れ込んだからといわれ、最初はアルマの方が積極的であった。彼女の夫グロピウスは出征中でウィーンにおらず、二人の婚姻関係は継続中であるにもかかわらず、アルマとヴェルフェルは密会を重ね、早い段階で愛人関係になった。アルマはそれによって妊娠してしまい、状況から判断して、ヴェルフェルは自分の子だと確信した。この事実を

アルマとヴェルフェル（1919）

二人が住んでいた
フランス・プロヴァンスの家
Anima 19:33, 28 September 2007 (UTC) / CC BY-SA 3.0

戦場から帰ってきたグロピウスが知り、前述のように離婚が成立した。

ただしアルマはヴェルフェルとすぐに結婚をせず、愛人関係を続けていった。そのような状況であったが、ヴェルフェルは政治活動にのめり込んでいく。戦争はやがて終わったけれども、敗戦後のウィーンは政治的に大きな転機を迎える。ウィーン暫定国民会議は、第一次世界大戦後の一九一八年一一月一二日に、帝政から共和制への移行宣言をおこなった。当時、主導権を握っていたのは社会民主党であったが、共産主義者たちがさらに過激な実力行使に走ったので、それを阻止しようとする側と衝突し、流血事件が起きる。そこへヴェルフェルが登場し、革命家気取りで過激な、「銀行襲撃をせよ」というアジ演説をおこなうが、それによって行動を起こすような人びとはいなかった。アルマはヴェルフェルの過激な政治活動に対しては距離を置き、冷ややかに眺めていた。

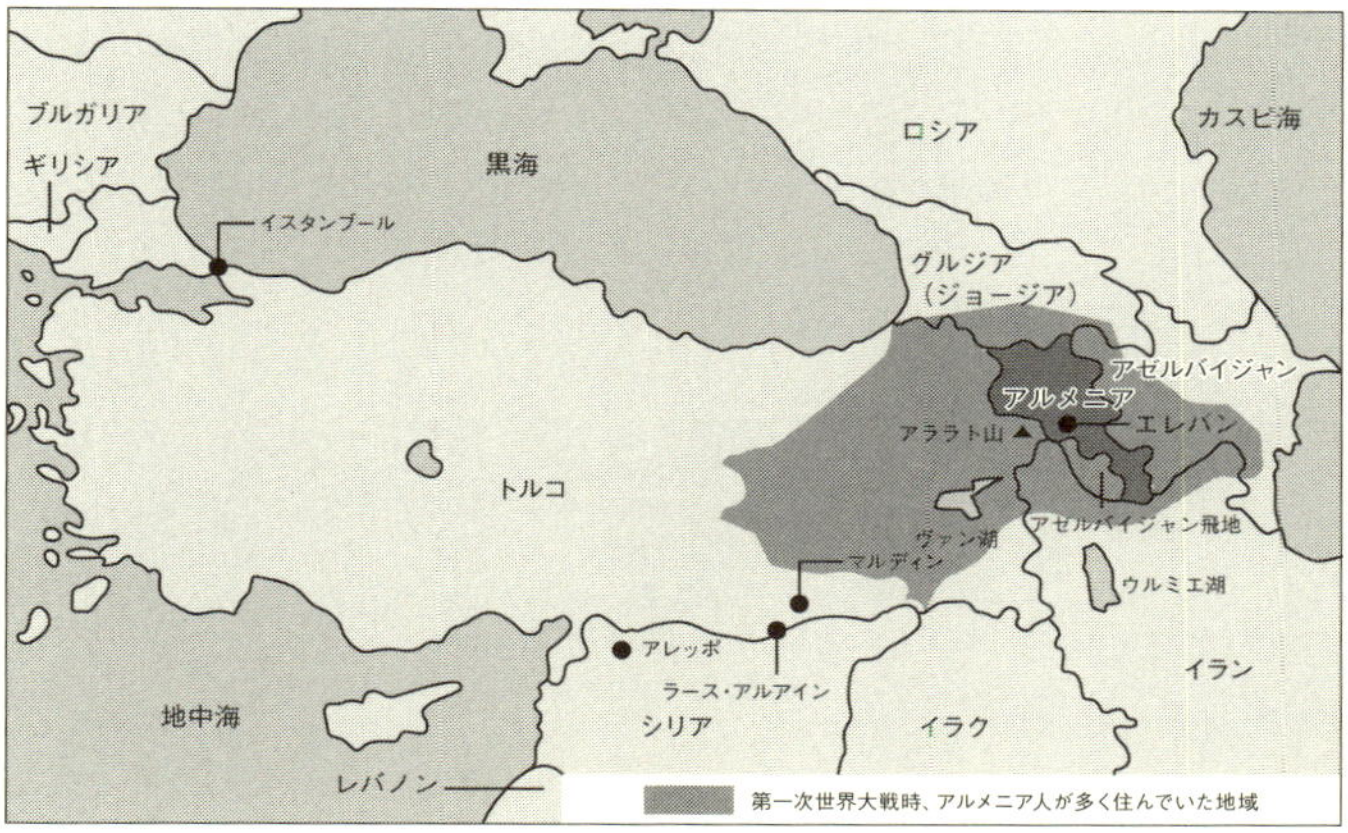

アルメニアとトルコの位置関係（第一次世界大戦時）

ヴェルフェルの『モーセ山の四〇日』

グロピウスとの離婚手続きが難航したためか、あるいは身辺整理がつかなかったためか不明であるが、アルマは長い間ヴェルフェルと正式に結婚しなかった。ようやく踏んぎりがついたのか、一九二九年になって二人は結婚をしている。これはアルマにとっては再再婚ということになる。その間、ヴェネチアで別荘を手に入れ、結婚の年に二人はエジプトへ旅行をしている。

ヴェルフェルは、カイロ、エルサレム、ダマスカスの各地を見物した際に、とくにシリアのダマスカスで出会った絨毯織の少年の悲しそうな表情が気になった。聞くとかれらは住んでいるところから追放されたアルメニア人の子供たちで、それをきっかけにヴェルフェルは、一九一五年のトルコ軍によるアルメニア人大虐殺事件の現実を知る。ヴェルフェルはかねてから、歴史的事実を小説化しようとしていたので、そ

オスマン帝国によるアルメニア人の強制移住（1915年4月）

の後、この事件を徹底的に調べ、長編小説にしたのが、『モーセ山の四〇日』（一九三三年出版、原題は『ムーサ・ダグの四〇日』）である。

　まずこの事件については真偽をめぐって、トルコ側とアルメニア側が大論争を繰り広げてきたが、米仏ではほぼ歴史的事実と認め、約一五〇万人が死んだジェノサイドとしている。英独でもそれに準じた解釈である。しかしこの事件を否定したいトルコ側は、ようやく近年、エルドアン大統領が犠牲者に哀悼の意を表するという見解を出した。背景にクルド人問題も絡み、この事件は現在でも複雑な様相を呈している。なお四〇日はキリストが荒野でおこなった断食行の日数を意味するが、ヴェルフェルがこの歴史を執拗に追求しようとしたのは、かれがユダヤ人として弱者の歴史を見過ごすことができなかったからである。奇しくもこの強制移住は、第二次世界大戦のユダヤ人迫害のプロトタイプといえるものであった。ヴェルフェルの作品は一九三三年五月のナチスによる焚書リストに挙げられている。

　一九三〇年代のヨーロッパは、ナチスの台頭によって激動の時代に向かって進んでいった。アメリカ発の世界大恐慌（一九二九）はヨーロッパへも押し寄せ、失業者の増加は政情不安の要因にもなった。オーストリアの隣国ドイツでは一九三三年にナチスが政権を奪取した。アルマの夫ヴェルフェルの本はナチスが台頭するまでは、オーストリアにおいて予約だけでも満足できる売れ行きが見込まれたが、その後、かれの作品がナチスの焚書リストに載ると、だんだん売れなくなった。それがナチスの反ユダヤ・キャンペーンにあることは、予期されたことであった。オーストリアでもナチズムに影響を受けた反ユダヤ主義の広がりが認められ、それがオーストリア併合前夜においても、胎動していたからである。

コラム3 カフカとミレナ、ウィーンの森の忍び逢い

フランツ・カフカ（一八八三〜一九二四）はプラハからあまり離れず、ウィーンとほとんど接点がない作家と見られていた。ところがヴェルフェルはプラハ生まれで、カフカやマックス・ブロート、マルチン・ブーバーたちとも親しく、プラハのカフェ・アルコ（カフェハウス）の常連客でもあった。かれらは四人ともユダヤ人であるが、その後、ヴェルフェルはウィーンへ移住し、かれを介してカフカはウィーン人脈と密接なコンタクトをもつことができた。その人脈ネットの中心人物は、マックス・ブロートであった。ブロートはカフカの作品だけでなく、ヴェルフェルの作品も出版していたからである。ブロートはシオニスト運動でも有名であるが、カフカはシオニズムに関心があったとはいえ、積極的に深入りしようとはしなかった。

まずカフカ文学の出版においてはマックス・ブロートの果たした役割が大きい。カフカ研究者のなかでは、かれのカフカ作品の編纂方法や解釈に疑念や異論をはさむものが多い。カフカが親友であったブロートに原稿をすべて燃やしてほしいといったのに、それを出版してしまったと批判するものすらいる。しかし実際のところ、ブロートのおかげでカフカの作品や手紙が世に出たわけで、それをとやかくいうべきではないと思う。とくにカフカ文学解読においても重要な作品『ミレナへの手紙』は、カフカの重要な作品である。

カフカとミレナのつながりについていえば、チェコのプラハ生まれのミレナはウィーンに住んでおり、ユダヤ人ではなかったけれども、ヴェルフェルとカフェハウスの仲間であったの

ミレナ（1938）

カフカ（1923）

で、カフカとのコンタクトができた。彼女はすでに結婚していたが、夫が生活費を家に入れなかったから、彼女は自ら通信員、すなわちジャーナリストのような仕事をしてお金稼ぎをしていた。その流れのなかで、彼女はカフカの作品（ドイツ語）のチェコ語への翻訳出版を思い立つ。そこでカフカに許可を求めたので、彼女とカフカとの交流が始まった。最初は手紙のやり取りだけであったが、かれらは手紙のなかで恋に落ち、ウィーンで会う約束をした。当時、カフカ三六歳、ミレナ二四歳であった。

カフカはそのころ結核にかかり、南チロルのメラーンで療養していたが、プラハへの帰路、二人はウィーンで落ち合う約束をした。一九二〇年七月一日にカフカはウィーンへ到着し、七月四日にウィーンを出発している。たった四日間の逢瀬であった。その間に、ミレナはカフカをウィーンの名所へ案内した。ウィーンの森を散策している際に、二人の問題の行動があった。人気のない森で二人は抱き合い、カフカはミレナを愛撫したが、最終的にそこで性的関係に踏み込むことを躊躇してしまい、かれは彼女から離れた。

カフカは三六歳になっても結婚をしていなかったが、かれの結婚をめぐる行動は有名で、すでにフェリッツ・バウアー嬢と二度婚約をしながら、二度とも破棄をしている。カフカの結婚に対する優柔不断さは、カフカ文学の核心部といえるが、ミレナは既婚者であり、男女の間に何が起こるか知っていた。予期に反してカフカはそれ以上の性的行動を何も起こさなかった。この結果、ミレナはカフカに対し、不信感を募らせるようになった。それ以降二人は手紙のやり取りに終始し、最終的に関係は消滅した。しかし彼女はカフカの死（一九二四）の際に、新聞に追悼文を書いた。

このコラムの冒頭で、カフカのプラハ人脈とウィーン人脈が、ヴェルフェルを介して結びついていたという事実を指摘したが、それによって『ミレナへの手紙』が成立した裏事情がわかる。ウィーンとプラハは文学サークルを介して、意外に文化的交流があったことも理解できよう。なおミレナは一九三九年に反ナチス運動に加わって捕らえられ、一九四四年に強制収容所で死亡した。今年（二〇二四）はカフカ没後一〇〇年、ミレナ没後八〇年の節目の年にあたる。

コラム4

アルバン・ベルクの「ある天使の思い出に」

　一九三五年四月二二日に、グロピウスとアルマの間の娘マノンが一九歳で死去する。彼女は病弱であったが、成人して美しく聡明な娘となった。友人のアルバン・ベルク（一八八五～一九三五）は、その死にたいへんなショックを受け、ヴァイオリン協奏曲「ある天使の思い出に」をマノンのレクイエムとして作曲する。

　ベルクがこの曲を作った動機はもうひとつあって、かれがまだ少年であった一九〇二年に、自分の家の「女中」に子供を産ませたという出来事があった。かれはこの事案がトラウマとなって罪悪感にさいなまれていたが、そのためにマノンをわが子と思い、かわいがっていたといういきさつもあった。そのベルクもこの曲を書き終えた後、同年一二月に病気のため五〇歳で死去した。

アルバン・ベルク

　アルバン・ベルクはシェーンベルクの教え子であり、そのためマノンのレクイエムは一二音階の影響を強く受けたものである。かれらはアルマの主宰するサロン仲間でもあった。筆者の個人的なことであるが、ベルクの音楽は学生時代から知っており、『ヴォツェック』（一九一五、ヴォイツェックの誤記）のデモーニッシュな音の響きに衝撃を受けた。これはゲオルク・ビューヒナーの『ヴォツェック』をオペラ化したものであるが、主人公の狂気の世界へ引きずり込ま

マノン・グロピウス（1933）
©Erich Rietenauer

ヴェルフェル、アルマ、マノン
（ヴェネチアにて、1924）

れる雰囲気を、一二音階はこのように表現するのかと思った。

ヴェルフェルもマノンが義理の娘にあたり、たいへんかわいがっていたので、その喪失感は大きかった。彼女はアルマ周辺のマスコットのような存在であった。ヴェルフェルもマノンといっしょに旅行に行っていたので、写真も残っている。もちろんアルマがもっともつらかったであろうが、彼女は『わが愛の遍歴』のなかで、マノンの最後を淡々とこう書いている。

「ママ、ママはどんなことにもへこたれやしなかったから、あたしが死んでもへこたれやしないわね」（あとで言葉をかえて）「……だれだってどんなめにあっても、へこたれやしないわね……」これが私にむかってマノンがいった最後の言葉だった。（塚越敏・宮下啓三訳）

彼女は残った娘アンナを連れてイタリア旅行へ出かけた。フィレンツェではブルノー・ワルターがモーツァルトの歌劇『後宮からの逃走』を指揮しており、彼女はそれを聴いて心の傷を癒してもらう。またイタリア首相の手配の車でプッチーニの棲家へ出かけてゆく。友人が弾いてくれた神々しいピアノの旋律によって、アルマはマノンの死の悲しみを克服した。その隣室のオルガンの下にプッチーニが埋葬されていたという。彼女にとって芸術は、すべてのものを超越する魔力をもっていたのである。

第七章
ナチス支配下のウィーンのユダヤ人たち

❖ナチスの「退廃芸術展」とオーストリア併合

時は巡り、第一次世界大戦後、ヒトラーは「画家」をあきらめ政治家となった。演説の名手として頭角をあらわしたかれは、ナチスの総統として、とうとうドイツを支配する頂点へ昇り詰める。かれは一九三三年一月にドイツの政治的権力を掌握し、反ナチス勢力に対決を迫った。ヒトラーはウィーンで受けた屈辱を晴らすべく、グロピウスの創設したバウハウスを一九三四年に廃止させた。一九三七年にナチスはミュンヘンで「退廃芸術展」を開き、ウィーン・モダニズムをはじめ反ナチス的絵画を晒しものにし、厳しく弾圧をした。そのなかにシャガール、クレー、カンディンスキーだけでなく、もちろんココシュカの「風の花嫁」も含まれていた。次ページの図は、「退廃芸術展」の具体例を示したパンフレットの表紙と、とくに槍玉に挙げられたユダヤ人画家シャガールの抽象的絵画である。

一九三七年の「退廃芸術展」は、ナチス美術を推奨する「大ドイツ美術展」と並行して開催された。後者は「血と大地」、家族観、ドイツ精神などを称え、ナチスのイデオロギーを定着させるため

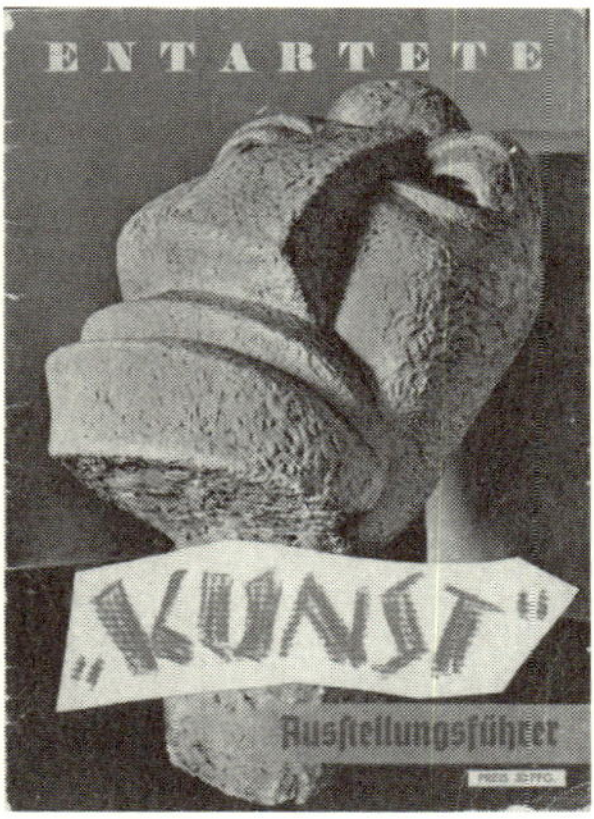

シャガール「7本指の自画像」(1912-18)
Stedelijk Museum Amsterdam蔵

「退廃芸術展」のパンフレット表紙
Entartete "KUNST" Ausstellungsführer 30 Pfg. Degenerate art Exhibition catalogue front cover 1937 by Otto Freundlich (1878–1943) / CC BY-SA 4.0

の企画であった。結果的には前者への関心が高く、入場者は二〇〇万人を超えたが、後者のそれは六〇万人程度であった。ナチスが旗を振っても人びとは思惑どおりには動かなかったのである。

ヒトラーの絶頂期は一九三八年のオーストリア併合時であるが、オーストリアでもナチスに呼応するファシズム運動が併合以前からおこなわれていた。いわゆるオーストリア・ファシズム運動(後出の「オーストロファシズム」:133ページ参照)であるが、しかし時のオーストリア首相ドルフスは、親ムッソリーニであった。その中枢にミツコの長女エリーザベトが首相秘書として勤めていたのは、驚くべきことであるが、これは歴史の偶然としかいいようがない(131ページ参照)。しかし首相はオーストリア・ナチスによって暗殺された。その嫌疑がヒトラーに及んだので、総統はオーストリア併合の意図は

ヒトラーのウィーン「凱旋」
（1938年10月）

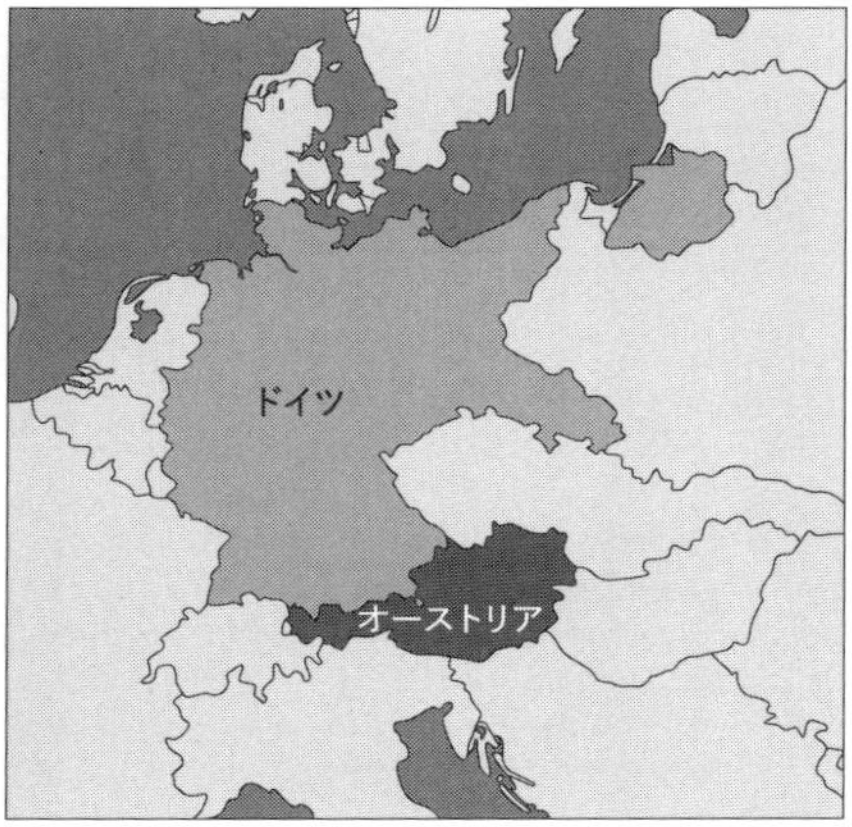

1938年3月12日、併合前夜のオーストリアとドイツ

ないと弁明せざるをえなかった。

もともとヒトラーはファシズムの手本としてムッソリーニに注目し、その動向を追っていたが、両者は仲が悪かった。その理由は第Ⅱ部の第五章において説明するが、その後、政治力学は大きく動いた。ヒトラーとムッソリーニが手を結んだのである（133ページ参照）。その結果、オーストリアはヒトラーの意のままの併合が容認されてしまう。歴史的にオーストリア併合はナチスの時の勢いに便乗して決定されたように見えるが、背景はそれほど単純な問題ではない。たとえば、その約九〇年前にドイツ統一をめぐって、「大ドイツ主義」と「小ドイツ主義」の論争が起こり、プロイセンが主張する小ドイツ主義が勝利して、ビスマルクによるドイツ帝国が成立したという歴史的背景があった。ヒトラーのナチズムは小ドイツ主義を純化した排他的ナショナリズムを核にして、ユダヤ人や非ドイツ的民族を排斥しようとする特

性をもっていた。

一九三八年三月一三日に、ヒトラーはオーストリア併合を宣言し、同年四月九日にウィーン市庁舎のバルコニーの演壇で、数十万人の聴衆を前に演説をした。歓喜の声に包まれながら、ヒトラーは若き日の屈辱を晴らしたという想いでいっぱいだっただろう。併合後の国民投票を有利に導くために、ナチスはプロパガンダを徹底し、ユダヤ人を弾圧しながら、その財産没収を始めた。当時、ナチスはウィーンで宗教的影響力をもっていたカトリック司教の抱き込みもおこなった。同年四月一〇日の投票結果は九九・三パーセントの併合賛成で、それは予想通りであった。こうしてファシズムは熱狂的に支持され、反対の声はかき消されてしまったのである。

❖ユダヤ人財産の没収――盗まれた「アデーレ・ブロッホ＝バウアーの肖像Ⅰ」

オーストリア併合後、オーストリア・ナチスも呼応し、ドイツ軍と行動をともにして、オーストリアをナチス・ドイツ化していった。かれらはゲシュタポやナチス親衛隊（SS）と一体化し、反政府勢力やユダヤ人弾圧をおこなったが、その際、ユダヤ人の財産も没収した。とりわけウィーンには、ハプスブルク時代から銀行資本家など同化ユダヤ人の大富豪もおり、かれらの多くはウィーン・モダニズムを支えたパトロンになっていた。オーストリア・ナチスはまずユダヤ人の富裕層をターゲットにした。

クリムトの有名な「アデーレ・ブロッホ＝バウアーの肖像Ⅰ」（次ページ図参照）は、美貌のユダヤ

クリムト「アデーレ・ブロッホ＝バウアーの肖像Ⅰ」(1907)

人女性の肖像画であったが、ウィーンの裕福なユダヤ人銀行家が注文し、ブロッホ＝バウアー家のコレクションとなった至宝でもあった。もともと独身時代のアデーレはアルマと知り合いで、クリムトとも早くから面識はあった。これはクリムトが一九〇七年にイタリアのラベンナのモザイク画に触発され、完成させたものである。また金箔のモザイク画はジャポニスムの影響もあるといわれている。

この作品はクリムトの黄金装飾時代を切り拓いた野心作で、ウィーン・モダニズムの頂点を示す。ところが一九三八年にヒトラーがオーストリアを併合すると、ゲシュタポがこれを接収してしまった。と同時にユダヤ人の弾圧が始まり、多くのモダニズムの絵画も同様な運命に見舞われた。第二次世界大戦が開始されると、占領地の絵画や芸術品の収奪をローゼンベルク特捜隊がシステマティックに実施するようになった。

オーストリアを席巻したナチスは、ウィーン・モダニズムを呑み込んだ。その「ミューズ」の役割を担ったアルマは、ナチスから逃げ回らざるをえなかった。というのは彼女が愛したツェムリンスキー、マーラー（故人であってもマーラーの音楽は存続）とヴェルフェルはユダヤ人であったし、彼女が育て上げたウィーン・モダニズムはナチスに根底から否定されたからである。それはウィーンの多文化社会に楔《くさび》を打ち込むものであって、ウィーンからの亡命者の流出は、芸術の都の衰退を加速させてしまった。とくにかれらを受け入れたアメリカは、計り知れないウィーン文化の恩恵を受けた。まずアルマの逃亡の具体例を以下に示しておこう。

当時のアルマは、ユダヤ人のヴェルフェルと三度目の結婚をしており、夫婦はヒトラーのオーストリア併合で危機を悟り、一九四〇年にフランスへ移住した。しかしその後ドイツ軍はフランスへ侵攻したので、かれらは南フランスのルルドに逃れた後、トーマス・マンの兄ハインリヒ夫婦らとともにピレネー山脈を徒歩で越え、スペイン、ポルトガルを経て、アメリカへ亡命する。ウィーン・モダニズム派の生き残りのココシュカはイギリスへ、グロピウスはアメリカへ亡命した。シュテファン・ツヴァイクはアメリカから南米へと、多くのユダヤ系知識人も住み慣れたウィーンを脱出せざるをえなかった。ウィーン・モダニズムは見る影もなく衰退し、街にはハーケンクロイツが翻《ひるがえ》り、ゲシュタポがわがもの顔で街を闊歩した。

かれらとナチスの関係が逆転するのは、一九四五年にヒトラー政権が崩壊してからである。しかし第二次世界大戦後、新生オーストリア共和国は多文化を支えたチェコ、ハンガリーを切り離され、新しい芸術を生みだしたユダヤ人は離散して、かつての芸術の都は見る影もない有様であった。本書第I部は以上述べた二〇世紀前半のウィーン・モダニズム運動から、ナチスの弾圧の構図を、アルマの男性遍歴を通じて概観したものであるが、そのプロセスをたどるだけでも、芸術の都ウィーンを取り巻く構造的問題がクローズアップされるであろう。

❖追放されるユダヤ人

ナチスの人種主義はユダヤ人排除だけではなく、シンティやロマ、身体障碍者など多岐にわたる差別を内包していたが、ここではユダヤ人に特化して述べておこう。一九三三年の時点のデータであるが、ヨーロッパのユダヤ人の大部分は都市部に住み、ドイツではベルリンに一六万人、フランクフルトに二万六〇〇〇人、ハンブルクやブレスラウに二万人いたという数字が挙げられている。オーストリアであれば一七万八〇〇〇人のユダヤ人のうち、その大多数がウィーンに住んでいた。同様にチェコスロヴァキアのプラハは三万五〇〇〇人であるが、これらの都市は東欧のユダヤ人を吸収していたという構図が読み取れる。

とくにウィーンという都市はオーストリア併合前には、同化ユダヤ人に対して寛容であった。かつてのオーストリア＝ハンガリー帝国の多民族国家の伝統が生きづいていたからである。しかしオーストリア併合の一九三八年以降は、手のひら返しがおこなわれた。ユダヤ人たちはある日突然、非ユダヤ人の友人がいないことに気づいた。ナチスのプロパガンダによって、非ユダヤのウィーン人たちは、ユダヤ人たちが暴利をむさぼり、ドイツ人を食いものにしてきたというナチスの宣伝を信じた。ドイツと同様、ウィーンでもユダヤ人商店の不買運動が展開された。やがてユダヤ人が強制収容所に送られるといううわさが流れると、前途を悲観してユダヤ人の自殺者が増えた。

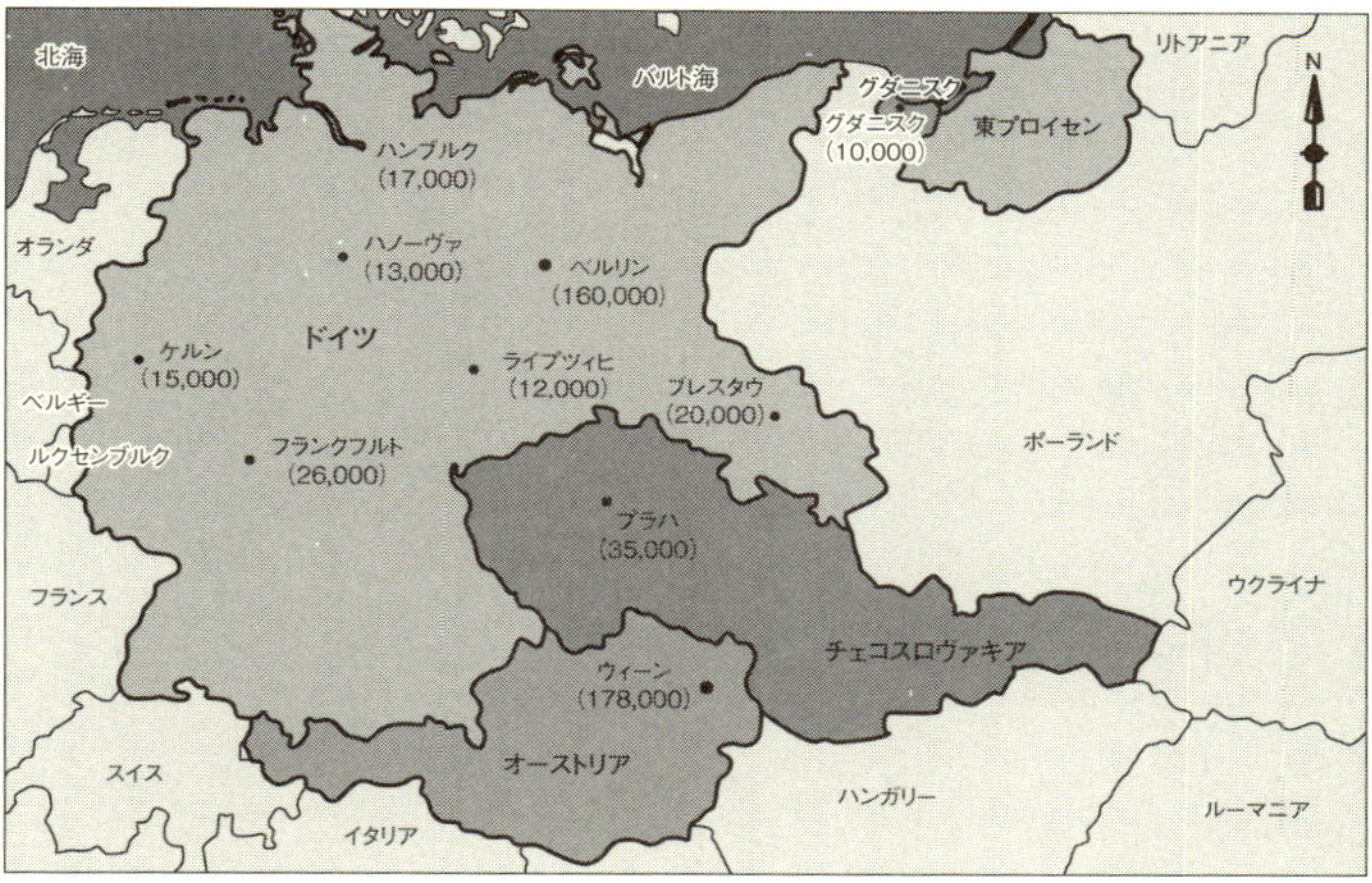

1933年のユダヤ人分布。ユダヤ人人口1万人以上の都市と
その都市における当時のユダヤ人数

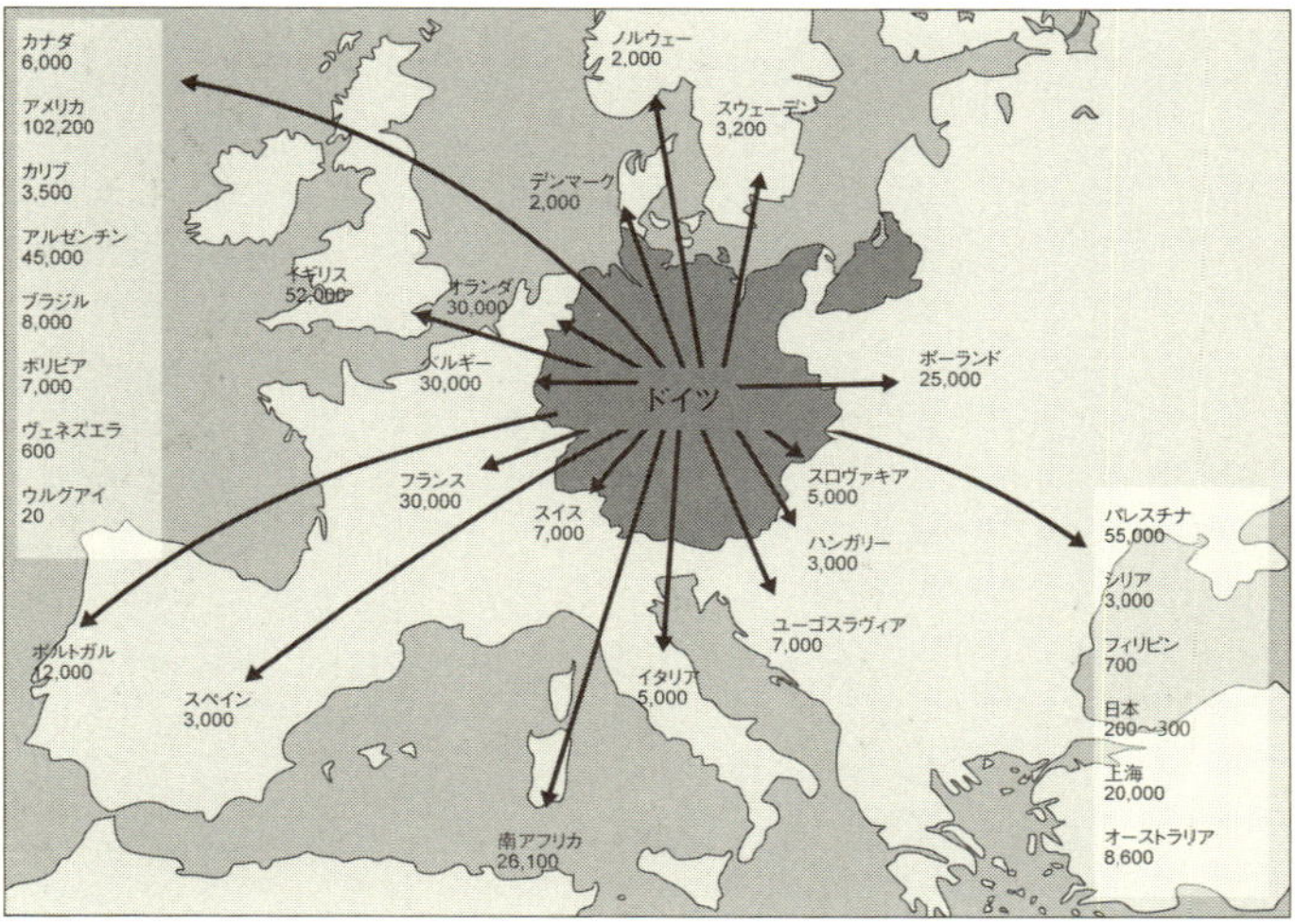

1933～39年にドイツを追われた人びと

ヴェルフェルのようになにがしかの資産のあるものは、亡命が可能であったが、その日暮らしをしているユダヤ人には旅費すら捻出できなかった。しかも移住したとしてもその先での生活の目途も立たなかった。またユダヤ人難民を受け入れてくれる国も限定され、財産はもち出せず、出国税もかさんだ。そのため八方ふさがりとなり、ぐずぐずしているうちにナチスのユダヤ人狩りは進捗していった。

ナチスは高名な精神科学者フロイトに対しても、圧力をかけた。ユダヤ人のフロイトは当初、ウィーンに愛着があり、この都市を出るつもりがなく、ナチスに恭順の意を示したが、ナチスは容赦しなかった。当局が直接手を下すことはしなかったが、高齢でガンにかかっていたフロイトは、一九三八年にロンドンに亡命せざるをえなかった。しかし残された娘たちはガス室で殺された。

もちろんヴェルフェルやフロイトだけでなく、ウィーンのユダヤ人作家たちは、オーストリア生まれだけでなく、オーストリア＝ハンガリー帝国時代からの在住者を含めてであるが、シュテファン・ツヴァイク（イギリス、アメリカ、ブラジル）、シェーンベルク（アメリカ）、マックス・ブロート（パレスティナ）、カネッティ（アメリカ）など、ほとんど外国へ亡命していった（以上、カッコ内は亡命先）。

ヴェルフェルは逃亡中の一九四〇年夏に、フランスのルルドに立ち寄った。ここは聖母出現伝説で有名な場所である。かれもこの現場を訪れ、大いなる霊感を受けた。ヴェルフェルはその体験をもとに、一九四一年に落ち着いた亡命先のアメリカで長編小説『ベルナデットの歌』を書き上げた。これは聖母出現伝説とユダヤ人の運命を二重写しにしたものであるが、かれはこの作品をアルマの子マノン（ヴェルフェルにとって義理の娘）に捧げた。『ベルナデットの歌』はアメリカで大ヒットし、一九四三年には映画化もされた。アメリカ人はピューリタンが多いけれども、「聖書」絡みの宗教奇譚に関心をもつ人が多かったからだ。とくにその現場を直接見たヴェルフェルの話は、アメリカ人にリアリティを与えるものであった。そのためにアルマやヴェルフェルは印税等で懐も潤い、アメリカの亡命生活中でも、アルマはサロンを主宰することができた。

ロートシルト家のウィーン邸宅門（1931ごろ）

ルイ・ロートシルト

❖オーストリア・ユダヤ人問題の責任者アイヒマンとロスチャイルド家

他方、ナチスの側では一九三八年八月にアドルフ・アイヒマンがウィーンのユダヤ人問題の責任者として登用された。かれはドイツのゾーリンゲン生まれであったが、母親がオーストリア出身であったので、リンツで育った。ここでヒトラーと同郷となり、アドルフという名前を含めて、ヒトラーと同じ実科学校中退という経歴が出世に有利な作用をした。その後アイヒマンは、ナチスの親衛隊に入隊する。オーストリア併合後ウィーンに住み、ユダヤ人局で、移住問題の担当となった。かれは上官に従順な官僚として腕を振るい、ウィーンのナチス化に尽力した。

ユダヤ人排除のベンチ。背もたれに
「アーリア人専用」と書かれている
Österreichische Nationalbibliothek蔵

『永遠のユダヤ人』展の会場となった廃駅に
貼られた巨大宣伝ポスター（1938）
Österreichische Nationalbibliothek蔵

ウィーンでターゲットになったのは、大富豪のユダヤ人のロートシルト（英語読みではロスチャイルド）一家である。かれらの一族はロンドンのロスチャイルド家へ亡命していたが、まだウィーンに残っていた当主ルイ・ナタニエル・フォン・ロートシルト（一八八二〜一九五五）は、ナチスに全財産とひきかえに亡命を認めるという条件を突き付けられた。ナチス幹部もかれに圧力をかけた。ルイ・ロートシルトは理不尽なナチスの要求を呑むしか、生き残るための方策がなかった。その結果、アイヒマンたちは、ロートシルト家の残した邸宅に住み、一家が使っていた高級自家用車を乗り回し、酒蔵の高級ワインを親衛隊の同僚と飲み明かした。ルイはアメリカへ亡命し、これによってウィーンのロートシルト家は滅亡した。

　ナチスは併合したオーストリアでもプロパガンダに力を入れた。かれらは廃駅となったウィーン北西駅跡をプロパガンダ用のホールとして使用した。本来、この駅はオーストリア＝ハンガリー帝国の北西玄関口としてにぎわっていたが、オーストリア共和国時代にチェコスロヴァキアは分離独立したので、廃駅となったという経緯がある。上の右写真は反ユダヤ・キャンペーンの

ナチスの監視下で道路清掃をさせられているユダヤ人たち

『永遠のユダヤ人』の巨大宣伝ポスターであり、ナチスが一九三八年に駅跡で展示会を開いたときのものである。

　ウィーンでもベンチの使用ですら「アーリア人専用」という露骨な人種差別が、公然とおこなわれた（前ページ左写真）。またユダヤ人を徴用し、道路掃除をさせ、ナチス幹部が監視する写真も残されている（上写真）。こうしてオーストリアのナチス当局は、一二万八五〇〇人のユダヤ人を国外へ追放し、かれらは全財産を放棄させられた。これも当時、アイヒマンの功績とみなされた。

　このような状況のなかで、アルマの政治スタンスについて確認しておきたい。彼女は本能的な意味において、反ナチス的な立ち位置にいた。彼女はもともと上流階級に属していたが、人種主義のイデオロギーとは無縁で、その対極のコスモポリタンになっていた。それはユダヤ人のマーラーやヴェルフェルとの結婚からも明らかである。ウィーンで活躍してきた彼女にとって、当地を去ることは後ろ髪を引かれる思いであっただろうが、アルマもそれを振りきって新天地を目指した。

コラム5 ウィーンのロスチャイルド家のルーツ

英語読みでは前述のようにロスチャイルドだが、ドイツ語ではロートシルト（Rotschild）である。このウィーンの大富豪は巷間では「陰謀論」で有名であるとはいえ、それはユダヤ人家系ゆえの差別的な解釈に端を発している。もともとゲットーに住んでいたにもかかわらず、ロートシルト家は一躍大富豪になったことで知られている。しかし実際には蓄財は、陰謀とも無関係であり、創業者の地道な努力による。

マイアー・アムシェル

ロートシルト家のルーツが歴史上に登場するのは、一九世紀前半のフランクフルトである。いうまでもなくヨーロッパのユダヤ人は差別され、金貸しや両替、古着商など、特定の職種しか選べなかった。創業者のマイアー・アムシェル（一七四三〜一八一二）はフランクフルトのゲットーに店を構えていた。本業はキリスト教徒に忌み嫌われた金貸しであり、その差別感情はシェイクスピアの『ヴェニスの商人』のシャイロックで有名である。そこでアムシェルはコイン収集という趣味を活かし、王侯に接近した。王侯にもその趣味をもつものが多かったので、かれは収集の便宜をはかったわけである。すなわち同好の士としてコインの収集を通じてアムシェルは王侯と懇意になった。王侯とてユダヤ人の財力と汚れ役が必要であったという事情もある。徴税人となったユダヤ人アムシェル

ロスチャイルド家の紋章
Mathieu CHAINE / CC BY-SA 3.0

は、こうしてヘッセン大公国のウィルヘルム九世に取り立てられ、宮廷ユダヤ人に出世する。

王侯は財力のあるユダヤ商人を贔屓《ひいき》にし、かれらを貴族に叙した。こうして生まれた宮廷ユダヤ人は、経済的だけでなく、文化的にも大きな貢献を果たした。アムシェルはヘッセン大公国に大きな財政的な援助をおこなった。

アムシェルはフランクフルトの店の前に、屋号として赤い楯（ロートシルト）を掲げていた。それゆえ、爵位を与えられた後に、その家紋をシンボル化したロスチャイルド（中央の赤い楯）紋が成立した。かれには成人した五人の男の子がおり、それぞれフランクフルト、ロンドン、ウィーン、パリ、ナポリに派遣して、金融業の支店を開かせた。これが、紋章のフィールドに描かれた手が握っている五本の矢の意味である。ここには兄弟が相互に協力をし合うようにという、アムシェルの家訓が込められていた。このうちフランクフルト、ナポリの支店は後継者の問題で早くに消滅し、ウィーンのロスチャイルド家も前述のようにナチスのオーストリア併合によって同様に廃絶した。第二次世界大戦後、ロンドンとパリのロスチャイルド家はかろうじて生き残ったが、その後のユダヤ資本はアメリカのロックフェラーに取って代わられた。

第八章　ミューズとしてのアルマ

❖アメリカ亡命後のアルマ、ウィーン再訪

アルマはアメリカへ亡命後、カリフォルニアでサロンを開いた。シェーンベルク、トーマス・マン、レマルクなど、ヨーロッパの昔なじみの顔ぶれがそのサロンにやってきた。ヨーロッパでは多くのユダヤ人はナチスの人種政策のために犠牲になったが、亡命したかれらの大部分はナチス崩壊後にウィーンに帰還しなかった。アルマも一九四五年にアメリカの市民権を取得し、住み慣れたウィーンから離れた。

彼女は知り合いもいなくなったウィーンより、アメリカの彼女のサロンの方が居心地がよかったのである。オーストリアはウィーン・モダニズムを支えたユダヤ人を失い、多民族主義もなくなり、手足をもがれたような状態になった。その結果、ウィーン・モダニズムは見る影もなく、かつての芸術の都は文化不毛の地となり果てた。あるのはハプスブルク家とウィーン・モダニズムの栄光の歴史だけであった。

しかしアルマは第二次世界大戦後、二度ヨーロッパへ帰っている。一度目は一九四七年であるが、

その際、アルマはかつて自分が住んでいたところがどうなっているのかを確認した。昔住んでいた家には他人が住み、思い出の家具もすべてなくなっていた。もはやウィーンは彼女が愛着をもっていたウィーンではなかった。義父モルやその娘夫婦の消息を追跡するが、ナチスの敗北時にかれらが服毒自殺をしていた事実を知る。かつてのウィーンはすべて消えてしまっていた。彼女はいうにいわれぬ、複雑な「無常観」に襲われたであろう。

二度目は一九五五年である。おそらく戦争で破壊されたウィーン・オペラ劇場再建のお披露目に、彼女は縁《ゆかり》の「マーラー夫人」として招待されたのであろう。ただしアルマが残してきた貴重なマーラーの自筆譜はオーストリア併合後すべて焼かれ、劇場に寄贈していたロダンのマーラー像は、ナチスによって鋳つぶされていたことを知り、結局、オペラ劇場へは行きたくなくなって、キャンセルをした。そのかわり、彼女がもっていたロダンのマーラー像の複製品を、新オペラ座用に寄贈した。再建の際には指揮者ベームがベートーヴェンの「フィデリオ」を振った。

ロダン「マーラー」(1909)
©ARTinWORD (https://artinwords.de/auguste-rodin-werk-e/1196b/)

アルマの男性遍歴の軌跡をたどっていくと、たえずナチスとは対極の道を歩いてきたことがわかる。もちろん政治的な意味ではなく、芸術の次元における話であるが、なぜ彼女がそのスタンスをとることができたのだろうか。それは芸術において、彼女が本能的に先進的な人物のモダニズムを追い求めていったからである。これが結局反ナチスということになり、彼女はその意味において首尾一貫して、ナチスに敵対した。

❖晩年のアルマのモノローグ

アルマは七〇歳になったとき、すなわち一九四七年の夏、かつての愛人ココシュカから誕生祝いの次のような手紙をもらった。

アルマさんへ！

きみは昔とかわらず今でも、欲情を抑えることのできない女なんだね。……

中世以来このかた、ぼくらの愛に比べられるような愛はまったくなかった。なぜなら、愛しあっている者同士が、これほど情熱的におたがいの心中に息吹をかよわせたためしがなかったからね。だからこそ、きみにとってすばらしいプランが生まれるのだ。そのプランの実現には時間がかかるだろう。……だれひとりとして生との闘争から生まれた緊張が、どんなものやら知っちゃいない。快楽の、それどころか死というものの緊張が、あるいは頭に弾丸がつきささり、肺腑にナイフが突きとおされているのを見て、莞爾とするときの緊張が、どんなものかを知っていた人間などいやしなかった――ただひとりの例外、それはかつてきみから心の秘密を打ち明けられたきみの愛人だけだ。こうした恋の戯れこそが、ぼくらの生んだ唯一の子供なんだということを忘れてはいけない。いいかね、悔いのない誕生日を過ごしてくれたまえ。

きみのココシュカより（『わが愛の遍歴』塚越敏・宮下啓三訳）

またアメリカに永住していた先夫のグロピウスが、離婚後もアルマのもとを訪ね、ココシュカが会いたがっていることを彼女に伝えた。アルマは熟考した後、会わないという意思表示をした。おそらく彼女は美しかった過去のアルマ像を壊すような老醜を、かれの前で晒したくなかったのだろう。アルマは自尊心を大事にしたからである。しかしココシュカはそれにもかかわらず、「愛しいアルマ、僕たちは僕の『風の花嫁』のなかで永遠に結ばれているのです」という電報を、その後送ったという。アルマはこう独白する。

マーラーの音楽は、本当のところ一度も好きになったことはないし、ヴェルフェルの書く物も一度も関心を持ったことがない（彼女は一度もグロピウスの作ったものを理解したことがない）。でもココシュカは、そう、ココシュカはいつも私を感動させた。（フランソワーズ・ジルー『アルマ・マーラー』山口晶子訳）

結局、結婚をしなかったが、彼女はココシュカの芸術にもっとも心が惹かれたというのである。彼女の性欲の強さと、ココシュカの偏執狂はもっともマッチしていたといえるであろう。この言葉のなかにアルマのウィーン・モダニズム芸術に対する思い入れが込められていたといえる。彼女はやはりミューズであった。アルマは『わが愛の遍歴』の最後をこういう言葉で締めくくる。

私の人生は美しかった。神のみ恵によって私は、私たちの時代の天才的な作品のかずかずを、それらが創造者の手をはなれるより先に親しく知ることができた。しばらくの間なりと、これら光かがやく騎士たちの鐙《あぶみ》をささえて、かれらに力をかしてあげられたからには、私の生存が神に認められ、祝福をうけていたのだろう。（塚越敏・宮下啓三訳）

一見すると、彼女はこう強がりをいい、歩んできた人生の光の部分を強調して、自分の孤独と苦悩という人生の闇の部分を隠しているように見える。人間はすべて仮面を被って生きているので、世間では、アルマはこうして自分の人生を美化したかったのだという結論を下そうとする。しかしアルマの人生を通史的に見ると、首尾一貫しており、誰がどう思おうと他人の目を気にせずに、本能のおもむくまま忠実に生きたといえよう。その意味において、彼女は美に奉仕する「ミューズ」として、そして自由人として人生を謳歌した女性であった。

❖アルマは何者であったのか

アルマの華麗な男性遍歴において、特徴的なのは出会いやきっかけがどうであれ、彼女が常に主導権を握っていたことである。マーラーとの結婚において、最初、マーラーが高圧的な態度で、彼女が音楽や芸術にかかわることを禁じたが、当時、アルマは初婚で年齢も若く、一九歳も年上のマーラーの言い分を聞かざるをえなかった。しかし彼女はそれによって結果的に自分の音楽家としての才能を封印され、家事・育児に専念せざるをえなくなった。とうとうその不満が爆発し、これがグロピウスとの不倫へ発展していく導火線となった。マーラーも事の重大さに気づき、彼女に自由を与えたが、それは遅すぎ、最後にはかれは健康を害して、天寿を全うすることができなかった。

典型的なケースはココシュカである。アルマはココシュカの芸術を認め、彼女の方からかれに接近した。かれはアルマをあまりに愛するがゆえに、独占しようとして服装、その他もろもろの行動を細かく規制した。そのためアルマは自由を奪われ、最後にはココシュカの子供を妊娠していたにもかかわらず中絶をして、かれのもとを去っていった。彼女はあくまで自由意思にもとづいて行動している。他者から規制されるのが我慢ならなかったのである。

グロピウスの場合、お互いのすれ違いが多く、出征、ワイマルでのバウハウス設立によって別居生活を余儀なくされた。その結果、意思疎通が困難となり、彼女の方から離れて、ヴェルフェルのもとへ走っていった。一番長く続いたのはヴェルフェルとの関係である。それはヴェルフェルが年下ということもあるが、彼女を規制せず、自由を容認したからである。外的条件としてはオーストリア併合、ナチスのユダヤ人狩り、第二次世界大戦という困難な時代であったにもかかわらず、アルマはヨーロッパ逃避行、アメリカ亡命というプロセスでもそうだが、かれとの関係を続け、最期を看取っている。

アルマは実父の「神様たちと遊びなさい」という教えを胸に刻み、マーラーの指揮者としての全能性を知り、ココシュカの本能的な魂の叫びを共有した。また彼女はグロピウスのモダニズムやヴェルフェルの作品の構想力を見て、結局、芸術至上主義者の視点から、男性を支配する手練手管を身に付けたのである。これまでの記述と一部重なる点もあるが、彼女の芸術観、人生観は以下の九点にまとめることができよう。

1 アルマの関心はウィーン・モダニズムに向けられ、斬新な芸術が生みだされるよう仕向けた。芸術家たちは彼女によって触発され、最高の作品を創造した。彼女は一流の芸術家を見抜く眼力と嗅覚にすぐれ、芸術至上主義者としてかれらを支援した。

2 多民族都市のなかで育ったアルマは、結果的にユダヤ人、ウィーン人、チェコ人、ドイツ人と、いわゆる多民族の男性との遍歴を重ねた。手紙や手記に反ユダヤ的な記述はあるが、現実には人種・民族はあまり気にしなかった。

3 彼女はハンサムな男性を追い求めたわけではない。チムリンスキーについては「醜い男」と言いながら、その外見ではなく、かれの音楽的才能に惹かれた。同様にクリムトについても、容姿ではなくかれの絵に魅了されている。マーラーは親ほど離れた年齢で、かれの身長は彼女より低かった。それでも音楽的才能を見抜くのが彼女のポリシーであった。ココシュカについても決して美男ではなく、「癖のある」人間であったが、絵は一流であった。すなわち彼女がつきあった男は、ほとんどすべてハンサムとはいえない芸術家であり、彼女はその能力を重視しているという共通項があった。

4　彼女は天性の美貌と豊満な肉体的魅力をウリにし、ウィーンの社交界ではたえず中心人物として君臨したがった。しかも頭がよくかつ教養があり、芸術的（音楽的）才能を兼ね備えた「最強」の女性であった。それが男を惹きつけるはずだという自信と自尊心を生みだした。

5　サロンを主宰するだけあって、彼女は社交術、会話術に長けていた。そのため芸術家間の人とのネットワークを重視し、情報網を張り巡らせていた。サロンは彼女のアンテナの役割を果たした。とくに母親もサロンを運営し、父の死後、サロンの男性と再婚した。このような特性は、芸術一家という家庭環境によって育まれたものであった。

6　結婚してから色香を漂わせ性欲が強くなり、本能のおもむくまま行動するようになった。だから男女関係において一時の感情に支配され、貞操観念が希薄であった。その結果、次から次へと男性を変え、不倫騒動を起こすことを繰り返した。アルマの洗礼を受けた宗教はカトリックであったが、彼女は不倫を懺悔したり反省をしたりしていない。これを見ると、彼女自身、不倫に対して罪悪感はなかったようである。

7　アルマとマーラーとの間の次女、アンナ・ユスティーネは長じて彫刻家になり、五回結婚を繰り返した。アルマと娘アンナとの仲はうまくいっておらず、アルマは自分と同じように、結婚と離婚を繰り返す娘を冷ややかに眺めていた。こうして見ると華麗な男性遍歴は、アルマだけではなく、母親、アルマ、娘という系譜でつながっていたともいえる。

8　アメリカでのアルマの晩年は知られていないが、かつてのウィーン・モダニズムの芸術家たちがアルマのもとに集まり、ここでもサロンを形成していた。そこでも男性遍歴が続いていたという事実がある。

9

彼女の政治的スタンスは、反ナチス的な立ち位置にあった。たしかにナチスはアルマ一派の生活信条と異なる世界観をもっていた。しかしそれは結果論でそうなっただけで、思想的な裏づけがあったわけではない。アルマの生き方は、ナチスが批判した「退廃芸術」にあたるものだからである。

コラム6　追跡されるナチス幹部、アイヒマンの最期

戦争が終わるとナチスは戦争責任を問われ、とりわけユダヤ人虐殺に対して徹底的な糾弾を受けた。ナチスとユダヤが攻守交替し、とりわけイスラエルがこの問題について徹底的に追及してきた。前述したように、筆者がサブタイトルで、アルマが男性を取り換えていく様だけでなく、ナチスと反ナチスの攻守交替まで「輪舞」と暗示した（10ページ参照）ことに、批判があるのは承知している。

さて、戦争終結直前時のヒトラーやゲッベルスの服毒自殺は有名であるが、残ったナチスの幹部は逮捕され、ニュルンベルク軍事裁判によって裁かれた。連合国側のスタンスは戦争責任はナチスが負うべきであるというものであった。問題は責任を負う側の線引きである。本来はドイツ国民もナチスを支持し、それを強大化させたという解釈も成り立つので、この問題は、線引きが困難であるという事情もあった。しかしドイツ国民にも戦争責任があるとすれば、責任範囲が果てしなく広がり収拾がつかなくなるから、そのためにナチス幹部に戦争責任があるという線引きの基準が適用された。

戦争責任を問われたナチス幹部は多かったが、このコラムではオーストリア併合の際に、ウィーンに駐在した責任者アイヒマンに限定して述べよう。かれは実質的に、オーストリアにおけるユダヤ人局の中枢の人物であり、その実績を買われ、出世して親衛隊中佐にまでなった幹部であったからである。アイヒマンは終戦後、偽名を使ってドイツを逃亡してアルゼンチンへ渡った。家族にはかれは死んだことになっていた。しかしイスラエルの捜査機関は執拗に

アイヒマンの赤十字の偽パスポート

アイヒマン（1942）

アイヒマンを追った。逃亡先に家族を呼び寄せたことが、アイヒマンの居場所発覚の原因になった。

結局かれは逮捕され、イスラエルへ送られた。裁判が始まり、アイヒマンは上官の命令を忠実に実行しただけであるので、無罪であると主張した。ユダヤ人だけでなくロマを含めた強制収容所、絶滅収容所の悲劇はあまりにも残酷であったので、その弁明は容認されるはずはなかった。アイヒマンには当然死刑判決が下され、かれは一九六二年六月一日に処刑された。この経緯の後、一九六四年にアルマは八五歳の人生を終えた。彼女がアイヒマン事件をどう受け止めたかわからない。最晩年は意識も混濁していたので何もコメントをしなかったのだろうが、ウィーンのユダヤ人問題はアルマの手記にあるように、身内の義父家族の服毒自殺によって、彼女には決着がついていたことであったのだろう。

コラム7 ミューズとしてのジョルジュ・サンド

時代が一九世紀にさかのぼるが、ミューズの歴史においてもっとも有名な女性は、フランスの女流作家ジョルジュ・サンド（一八〇四〜七六）であろう。彼女は年下のショパン（一八一〇〜四九）の恋人、あるいは男装の麗人というキーワードで有名である。たしかにサンドの結婚は一回だけということであるが、貴族であった夫と別れてからの男性遍歴が数えきれないほど多い。そのなかでもっとも有名なものは、詩人

ジョルジュ・サンド

ミュッセとの関係であるが、彼女はその他にも多くの男性と浮名を流した。彼女の本能的な生き方は、当時としては特別視され、批判の的でもあった。

フランス・ロマン派の画家ドラクロワは、サンドを介してショパンとも親交をもつようになったが、ショパンのピアノの音色をサンドがうっとりとして聞いているかれの絵は有名である。しかしこれにも伝説がある。実際のかれの絵は一枚ものであったが、それが後に切り裂かれ、ショパンが描かれた絵はルーヴル美術館に、サンドのそれはデンマークのオードロップゴー美術館に、別々に展示されている。切り取られてもドラクロワの筆力のなせる技であろうか、絵自体が存在感を示している（次ページ参照）。

マジョリカ島を含めてサンドがショパンとつ

ドラクロワが描いたショパン（右）とサンド（左）

きあっていた九年の間に、かれの名曲といわれる作品が生みだされた。彼女の献身的な支えがあったから、ショパンは生きながらえることができた。あるいは彼女のためにショパンは命を縮めたという、相反する評価が見られる。いずれにしてもサンドとの同棲期間中に、ノクターン第一〇番変イ長調、ピアノ・ソナタ第二番「葬送」、『雨だれ』、『バラード第二番』、『軍隊ポロネーズ』、ポロネーズ第六番変イ長調「英雄」など、ショパンの有名な曲が生まれた。その意味ではサンドは、アルマのプロトタイプであったといえよう。

　パリやウィーンで「ミューズ」という類似した「女傑」が出現するのは偶然ではない。芸術文化が発達した大都市では、女性が主役のサロンも活性化するからだ。すなわち近代には、男性中心社会から、女性の社会進出が始まり、芸術の分野においても、女性の役割が重視される時代になってきたからである。現在ではサンドやアルマの生き方は、ジェンダー論の視点からも注目されている。

第Ⅱ部
オーストリア＝ハンガリー帝国へ嫁した青山ミツコ

ウィーン・サロン誌に載ったミツコの肖像画
出典：Titelseite der Zeitschrift Wiener Salonblatt

第一章
東京、出会い

❖伯爵ハインリヒ・クーデンホーフ

オーストリア＝ハンガリー帝国の伯爵ハインリヒ・クーデンホーフは、一八九二年に代理公使として来日。着任当時の外務大臣はあの榎本武揚であった。ハインリヒはおよそ四年間日本に滞在したが、着任直後に、美貌の日本人女性青山ミツコを見初めた。かれは出会って一ヶ月もたたないうちに求婚しているので、彼女に一目惚れしたということになる。一八歳のミツコは異国の男性からの申し出に、驚きと困惑を感じるばかりであった。「昔気質」の父も外国人との唐突な縁談に同意するはずがなく、彼女に断念するよう申し渡した。

ハインリヒとミツコの結婚写真

父に反対されながらも、ミツコは女性を大切にするハインリヒの優しさと誠実さに、しだいに惹かれ、かれに対する深い愛情を育んでいった。父の同意もなく、二人はとうとう同居することになった。ミツコとハインリヒは当時としては身分違いの「結婚」であった。これまで日本では、ミツコをめぐるロマンスは吉永小百合主演のＮＨＫドキュメンタリードラマ『国境のない伝記　クーデンホーフ家の人びと』（一九七三）、『ミツコ　二つの世紀末』（一九八七）や、松本清張の小説『暗い血の旋舞』（一九八七）、最近では宝塚出身の安蘭けい主演ミュージカル『ＭＩＴＳＵＫＯ～愛は国境を越えて～』（二〇一一）で取り上げられてきた。したがってミツコとハインリヒの物語は、日本でも知る人は比較的多い。

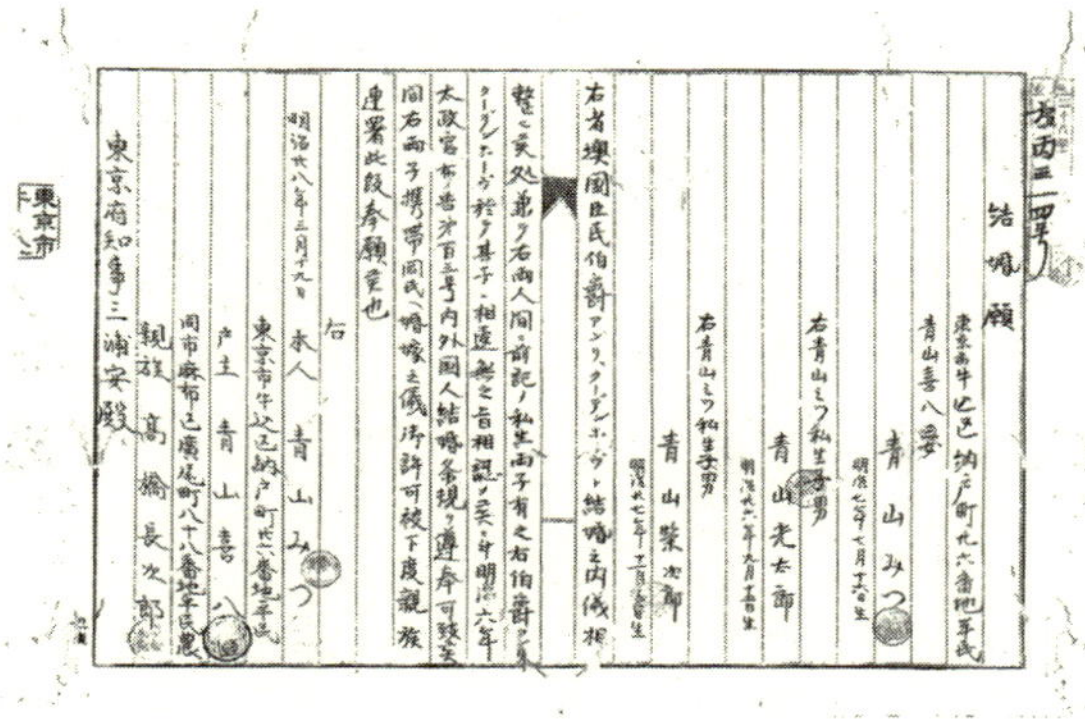

1895年３月19日付の結婚願
東京都公文書館蔵

ドラマでは、ハインリヒがミツコの実家の前で落馬し、彼女が介抱をしたのが縁となったという展開であるが、それは物語用の脚色である。彼女は東京市牛込区生まれ、実家は「平民」で、もともと油商を営む富豪であったが、ミツコの父喜八は、実家とは勘当状態で骨董屋を営んでいた。日本に関心があったハインリヒは、その骨董店を訪れ、そこで店を手伝っていたミツコと出会ったというのが真相らしい。

最初は事実上の「結婚」であったが、ハインリヒとの間に、東京で長男ヨハネス（日本名、青山光太郎）、次男リヒャルト（日本名、青山栄次郎）が生まれた。当時では子供が生まれてからの婚姻願はふつうであったので、事後の東京府知事あての書類が現在も残っている（前ページ）。しかもこのケースは、明治時代の正式の国際結婚としては第一号となった。ミツコの父も孫の顔を見たので同意したのだろう。あとでわかったことであるが、ハインリヒが定期的にミツコの実家へ送金するという約束があったという。

ハインリヒは在日中から、ミツコに貴族としての作法、礼儀だけでなく、教養を身に付けさせた。彼女は高等小学校尋常科しか出ていなかったが、これは明治時代の女性としては一般的なことであった。聡明な彼女は、伯爵夫人としての知識を身に付け、ドイツ語、フランス語、英語の会話も猛勉強をし、乗馬すらも習った。これらがヨーロッパ貴族のたしなみであったからだ。本来の彼女は、明治の日本女性の典型として、控えめで従順かつ古風な奥ゆかしさをもっていた。彼女は子犬のように夫の行き先へついていったと、手記に書き残しているが、たいへんな努力家であったことはわかる。

❖多民族帝国の伯爵夫人と七人の子供たち

世界各地を渡り歩いた夫ハインリヒは、豊かな教養や学識を備え、端正な顔つきで、かつ快活であったので、誰からも好かれるタイプであった。世界各地を見聞したかれは、一八ヶ国語に通じた語学の天才とも称されていた。三三歳で日本に赴任してからも、またたく間に日本語を習得し、日常会話だけでなく、日本語の官報まで読みこなし、「宮中」での拝謁においても通訳を介する必要がなかったほどであった。シュミット村木眞寿美『クーデンホーフ光子の手記』のなかで、夫の母語はドイツ語であるが、言葉の習得は趣味のようなもので、以下の一三番目まで会話はもちろん、読み書きがじゅうぶんできたと書いている。なお日本にも同行してきたアルメニア人の侍従のバービックとは、トルコ語（アルメニア語）で話していた。

1 ドイツ語、2 英語、3 フランス語、4 イタリア語、5 スペイン語、6 ポルトガル語、
7 ロシア語、8 チェコ語、9 トルコ語、10 アラビア語、11 ヒンズー語、12 ギリシャ語、
13 ラテン語、14 朝鮮語、15 日本語、16 中国語、17 マレー語、18 アルメニア語

実はアルメニア人のバービックは、オスマン帝国のアルメニア人迫害（65ページ参照）を逃れて、トルコのオーストリア＝ハンガリー帝国の大使館へ逃げ込み、保護を求めていた人物であった。ハインリヒが外交官としてトルコの大使館へ勤務していたとき、かれがバービックを侍従として採用したといういきさつがあった（『ミツコと七人の子供たち』参照）。そのため恩義を感じたバービックは、ハインリヒの忠実な侍従となり、日本までついてきていたのである。さらに死後、主人にあたるハインリヒと同じ墓に葬ってほしいと願った

ハインリヒの帰国にともない日本を出国するヨハネス（前列右）とリヒャルト（前列左）。後列中央が侍従バービック
出典：『ミツコと七人の子供たち』河出文庫

が、それは宗教上の理由から実現しなかった。

またハインリヒはオペラや音楽、文学にも関心が深く、とくにカント、ショーペンハウエルの哲学にも傾倒した。東京での生活が軌道に乗り、順調な結婚生活のすべりだしであったが、ハインリヒのもとへ皇帝から帰国命令が届いたので、かれは帝国への帰国を余儀なくされた。ミツコも当然、夫に同行することになる。ハインリヒとミツコは出国前に宮中に参内し、明治天皇・皇后に拝謁をした。そのときミツコは皇后から「日本人の誇りを忘れないように」という言葉を賜った。

伯爵夫人ミツコ

一八九六年の一月、夫婦は子供二人、侍従のバービック、二人の乳母を連れ、東京から神戸まで列車で移動する。そこから船で東シナ海、インド洋、スエズ運河を経て、ローマへ到着。バチカンではローマ法王に拝謁した後、イタリアからまた列車でヨーロッパを北上していく。ドイツ経由で夫の居城のあるボヘミアのロンスペルクへ帰る。ここも当時、オーストリア＝ハンガリー帝国の領地であった。
西ボヘミアのロンスペルクは中世の面影を残すのどかな田園地帯にあり、ここには、二〇〇〇人の住民が住んでいた。ヨーロッパの王侯貴族は他国から嫁をもらうのは当たり前であったが、東洋から来た黒い目のミツコは、地元では注目され、人びとの話題をさらった。美人の彼女は伯爵夫人として、ボヘミアでは歓迎された。うわさはウィーン、パリ、ペテルスブルクなどへも伝わり、ヨーロッパ宮廷や社交界でも彼女は一時評判となった（第Ⅱ部扉図参照）。家族はクーデンホーフ家が所有するロンスペルク城に住んだが、その後すぐさま、次々と子供が生まれた。

帰国後、ハインリヒは外交官を辞め、貴族としての領地経営をしながら、哲学を勉強した。そして出身のウィーン大学へは『ユダヤ人差別の本質』を提出して、哲学博士の学位を取得した。ここには偏見のないユダヤ人分析がなされ、ユダヤ人を人種としてではなく、ユダヤ教を信じている人びとと規定している。これは現代の通説であるが、後のナチスはユダヤ人をあくまで人種と規定し、その点でもハインリヒとの見解の対立が際立つのである。

ミツコと7人の子供たち（1903）
出典：『ミツコと七人の子供たち』河出文庫

付き添いで同行していた乳母二人を帰国させると、ミツコはロンスペルクではたったひとりの日本人となった。彼女は異国の地でたえず望郷の念に駆られながらも、夫を拠り所にして、自分の運命を受け入れ、素直に家庭を守る。彼女はボヘミアで生まれた子供たち（ミツコは東京生まれの長男、次男と区別するため、かれらをボヘミアンと呼んでいた）を合わせると、合計七人の母として、城で子供たちを養育するのである。ミツコは覚えていた日本の昔話を語り聞かせ、子供たちに囲まれながらこの幸せが永遠に続くことを願った。

第二章 クーデンホーフ伯爵の闇、ウィーンへやってきたミツコ

❖暗転

ロンスペルクではミツコは幸せの絶頂であった。知性ある優しい夫、子供たちに囲まれ、伯爵夫人として敬われていたからである。しかし子供たちがヨーロッパ貴族として生きていくため、ミツコは日本語を封印され、ドイツ語、英語での育児を余儀なくされる。ミツコや子供たちにも家庭教師が付けられる。ハインリヒは領地内の経営や好きだった学問研究に専念していた。ところが「突然の心臓発作」のため、かれは一九〇六年五月一四日の早朝、四七歳であっけなく他界した。ミツコとの結婚生活は、一四年で終止符を打つことになった。死因は病気が「定説」になっているが、自殺説も根強い。

ミツコの手記には、死因は「心臓発作」とある。急変の第一発見者は侍従バービックであった。かれは先述のようにアルメニア人で、ハインリヒの日本赴任にも同行し、もっとも信頼されていた人物であった。バービックは医者と奥様（ミツコ）を呼ぼうとしたが、ハインリヒはそれを制して、神父を呼ぶように頼んだ。これが事実であれば、いささか奇妙なやり取りである。

次男の「リヒャルトの回想記」によれば、父は七歳のときから日記を付けており、それを鍵の掛かる戸棚に入れて保管し、決して誰にも見せていなかった。日記は四〇冊に及ぶ膨大な量のものであったが、生前、万一の場合には開封せずに燃やすように侍従のバービックに厳命していた。かれは主人のためならどんな命令をも実行するきわめて実直な侍従であった。伯爵が死んだ日の午後、バービックは言いつけどおり日記をロンスペルク城の中庭で燃やした。ミツコは呆然とその光景を見ていた。いくら遺言だといっても、城内がパニック状態になっている当日に、それを燃やすというのはあまりに不自然である。

❖夫の秘密

以上の数々の謎を解く鍵は、ハインリヒの「不幸な恋愛事件」にあった。かれが二〇歳、まだウィーン大学の学生時代に、同じくウィーンへ音楽留学をしていたフランス人女性と恋愛関係に入った。彼女はかれの子供を宿していたが、父親のフランツ伯爵は二人の結婚に厳しく反対した。その理由のひとつはかれがまだ学生であったこと、二つ目は彼女が貴族でなく、「平民」であったこと、三つ目は亡くしたフランツの妻、すなわちハインリヒの美貌の母（スラブ系貴族）が、フランスの修道院出身でフランス語を話していたことにあった。すなわちハインリヒが結婚すれば、再婚をしなかった父は息子の嫁を見て、たえず妻のことを思い出すからと考えられる。

ミツコの夫ハインリヒは三六歳の若さで亡くなった母親をたえず慕っていた。この「不幸な恋愛事件」には悲惨な後日談がある。ハインリヒは結婚を父親に反対され、父親の所領オッテンスハイム城で傷心の日々を送っていた。ところがその後、かれを仰天させる事件が起きた。妊娠していた恋人がハインリヒの子供を出産した後、女友達と二人でハインリヒの城庭でピストル自殺をはかり、二人とも死亡してしまうのである。

精神的に深い傷を負いながら、ハインリヒは心の安らぎを求め、哲学書を読み漁った。ウィーン大学卒業後、ハプスブルク家の外交官としてヨーロッパを脱出したのも、恋愛事件を忘れるためであったと考えられる。各国の大使館勤務の途上、東京でミツコと知り合い結婚して、ようやく精神的にも安らぎを見出すことができたので、ロンスペルク城へ帰ったと推定される。ミツコへ献身的な愛情を注いだのもその代償だったのかもしれない。ただしハインリヒにとって気がかりであったのは、元恋人との間の遺児の行方であった。かれは以前から「探偵」に依頼して、たえず遺児の行方を探索していた。死の少し前にハインリヒはロンスペルクで匿名の手紙を受け取る。そこには、かれが長年捜し求めていた「子供の墓の写真」と「愛した人の遺書」が同封されていた。ハインリヒは、すでに子供が三歳で死亡していた事実を知る。

これだけの背景を考えると、ハインリヒの死の真相は見えてくる。かつての恋人、その友人の死というショッキングな出来事の傷を負いながら、真面目なかれは、自責の念に苛まれ、行方不明の遺児を追跡していたが、それはミツコとの間に生まれた七人のかわいい子供たちと同様、その子に救済の手を差し伸べたかったからだと考えられる。ところが、自分のせいでわが子を含め三人も死に追いやった真実を知って、驚愕してしまう。

手紙を見た後、絶望したかれは好きな葉巻とワインを断ち、ふさぎ込んでいたという。生真面目で責任感の強かったかれの選択肢は死以外になかったのではないか。ミツコの途方もない苦労を考える余裕もなく、ロンスペルクの財産さえ残しておけば、七人の子供たちの養育はなんとかなると思ったはずである。忠実な侍従のバービックもいる。事実ハインリヒは、ミツコが財産相続人になるよう、すでに周到に法的手続きをおこなっていた。自殺の真実は、クーデンホーフ=カレルギー家によって永久に封印されてしまった。かれがミツコとの身分違いの結婚を断固として貫徹したのも、自分が殺してしまった恋人と子供への罪滅ぼしであったのかもしれない。

❖ウィーンのミツコ

まだ三二歳のミツコは気も動転し、絶望の淵に追い込まれたが、こうなれば何が何でも七人の子供を守り、養育しなければならない。子供たちは上が一二歳、末っ子は二歳であった。周囲に日本人はおらず一人ぼっちになったミツコは、夫に頼ってばかりいた受け身の従順な妻から、子供を守る強い母親に急変せざるをえなかった。事実、彼女の信じられないほどの変わり身は特筆に値する。ミツコはそれまでの従順で控えめな妻から、気丈な母に急変した。子供たちを育てなければならないという強い使命感や信念がそうさせたのであるが、彼女は日本女性の芯の強さを発揮した。

伯爵の遺言ではミツコに財産を贈与し、子供たちの親権を委ねるとのことであったが、親類たちはそれに異議を唱え、裁判になった。東洋人ミツコは弁護士の支援を受けて親戚の貴族の干渉を排し、訴訟に勝利することができた。一九〇八年に財産の一部を処分して、子育てのために帝都ウィーンへ移住することにした。それは子供たちをいい学校へ入れ、貴族にふさわしい教育を受けさせるためであった。もちろんロンスペルク城は楽しい思い出の詰まった場所であったが、夫の最期の城としてあまりにつらい場所でもあった。当時のミツコは、ロンスペルク城にこだわるより、子供の養育を第一に考えたはずである。

変身した彼女は、ウィーンの社交界にも出入りした。それは積極的にということでなく、ヨーロッパの階級社会のしきたりで、貴族同士の儀礼や交流を無視することはできなかったからである。当時、ジャポニスムの影響もあり、さらに日露戦争にも勝利していたので、日本出身の彼女はウィーンでも評判になり、そのうわさは遠くヨーロッパ宮廷中にも届いた。

彼女が皇帝フランツ・ヨーゼフ一世とも会話した記録が残る。もちろんミツコは社交界だけでなく、寡婦として家の切り盛りをし、子供の教育にも専心しなければならなかった。ところが当の子供たちは日本流の厳しい躾に反発し、それぞれが自由を求めていうことを聞かなくなった。けれども彼女は自分の子供たちの教育には熱心であった。それはヨーロッパで生き抜くための彼女の義務であり、生きがいにほかならなかったからだ。

コラム8 クーデンホーフ家のルーツ

クーデンホーフ家が正式名ではクーデンホーフ＝カレルギーと連名姓表記をしているのは、ミツコの夫ハインリヒの父方と、母方の家名を明示するためであった。ハインリヒの両親は、父がフランツ・カール・クーデンホーフ（一八二五〜九三）であり、母がマリー・カレルギー（一八四〇〜七七）であった。

まず父方のクーデンホーフ家から見ていこう。この家系のルーツは中世のブラバント（現オランダ）の貴族に由来する。その先祖は一〇九九年に十字軍の騎士として参戦しているが、この地方はかつてスペイン・ハプスブルク家が治めていたので、クーデンホーフ家はその臣下であった。近代初期にオランダが独立運動を起こした際に、クーデンホーフ家の祖先はスペイン・ハプスブルク側について戦ったが、長期の戦争の末オランダ独立派が勝利した。こうしてオランダが建国されると、神聖ローマ帝国を統括していたハプスブルク家は、スペイン系とオーストリア系に分かれた。クーデンホーフ家はその際、オーストリア系に属するようになり、東方へ移動した。

母方のカレルギー家のルーツは南方ギリシャにあって、時代は一一〜一二世紀ごろの東ローマ帝国期にさかのぼる。したがって先祖はヨーロッパ貴族のうち最古に属するが、一三世紀ごろからカレルギスと名乗るようになった。一八世紀になってドイツ系のロシア女帝エカテリーナ二世の時代に、カレルギスの先祖の一人がロシアへ移住し、武勲を立てロシア貴族となった。マリー・カレルギーは、彼女の母が離婚をしてパリに暮らしていたので、パリの修道院

ハインリヒの父フランツ・カール（右）と母マリー（左）
出典：『ミツコと七人の子供たち』河出文庫

で過ごしたという。しかし縁あってフランツ・クーデンホーフと結婚したということになる。結婚後、フランツは両家の姓を受け継ぎ、前述のように正式にはフランツ・カール・クーデンホーフ＝カレルギーと名乗った。そのためハインリヒの姓もクーデンホーフ＝カレルギーであり、ミツコの子供たちも正式の姓は連名であった。

　ハインリヒの時代にクーデンホーフ家はロンスペルク城、オッテンスハイム城を手に入れる。フランツとマリーの間には六人の子供がいて、ハインリヒは長男である。ミツコがロンスペルクへ来たときには、ハインリヒの両親はすでに故人となっていた。

　以上の家系の略歴から、クーデンホーフ＝カレルギー家には、多民族国家だったハプスブルク家ほどではないが、ヨーロッパ各地の貴族や民族の血がまざりあっている。ヨーロッパ王室や貴族は、もともと婚姻関係を含め、そのような歴史を繰り返してきた。これがヨーロッパ文化を形成してきたといえる。だからヒトラーのように、北方アーリア民族を捏造し、それによるアーリア国家を建設するというイデオロギーは、ヨーロッパでは本来成立しないのである。一九世紀から二〇世紀はナショナリズムの時代といわれてきたが、その後のヨーロッパはEU（欧州連合）の時代に向かっている。後述するミツコの次男リヒャルトのパン・ヨーロッパ構想（第4章参照）は、クーデンホーフ家の歴史を背景にして生まれたものであるといえる。

ミツコにしてみれば、防波堤であった夫ハインリヒを失ってから、異邦人として身分違いの貴族との結婚の意味を身に染みて味わった。彼女は中世以来、連綿と続くヨーロッパ貴族の伝統という重圧に耐え、子供たちにとってふさわしい教育に取り組まなければならなかったからである。

第三章　子供たちの成長と離反

❖奮闘するミツコ

ヨーロッパの貴族社会のしきたりで、ミツコはウィーンの社交界にも出入りしたが、これを子供の教育の一環と考え、むしろ彼女は長男、次男を連れて社交場へ行くことを好んだ。そこで貴族のたしなみを身に付けさせるためである。貴族制度の残っていたウィーンでの生活は、慣れないミツコにとって気苦労の多い毎日であったが、彼女はそれに順応し、子供がヨーロッパ貴族の一員として育つよう努力をした。

ミツコは子供たちのうち男の子をマリア・テレージアが創設したウィーンの名門、テレジアヌム（当時男子校）に入学させようとした。この学校は貴族の子弟用の一種のギムナジウム（中高一貫教育の進学校）であった。ここにはオーストリア＝ハンガリー帝国のみならず、ヨーロッパ各国やアジアからも、貴族や軍人の子供たちが集い、国際色豊かな雰囲気が充満していた。日本人の勤勉な母と聡明な父親の資質を受け継いだ子供たちは、名門校でインターナショナルな感覚を磨き、頭角をあらわす。子供たちの多くは難なく帝国一のウィーン大学に進学した。ウィーンは芸術・文化の分野でも、

ウィーン宮廷歌劇場

テレジアヌム

多感な子供たちに大きな影響を与え、彼らは観劇、コンサートなど、貴族としての教養を身に付けていった。

ミツコは子供を立派に育てながら、出国のときの皇后の言葉「日本人の誇りを忘れないように」を思い出していた（106ページ参照）。いまやオーストリア＝ハンガリー帝国の伯爵家に嫁している彼女は、子供たちをハプスブルク家の臣下として、恥ずかしくない貴族に育て上げることが自分の使命だと信じていた。ミツコが日本で受けた初等教育は家父長制で父親が絶対的な力をもっていたので、子供たちは父親代わりのミツコに従うべきだと考えた。ところが子供たちは日本流の厳しい躾に反発し、自由を求めてそれぞれがミツコから離れていこうとする。

古風な明治時代のミツコの世界観と、自由なテレジアヌムの雰囲気には大きな齟齬があった。一方、女の子については、彼女は従順な女性に育てようとしたが、ウィーンではそれは無理である。それでもミツコは日欧の教育の矛盾を乗り越えようと奮闘した。ここで子供たちの個別の状況を詳しく展開することはできないが、以下にその経歴の概要だけを述べておこう。結果的に、激動のヨーロッパのなかで無事、子供たち七人全員を女手ひとつで成人させたこ

右からミツコ、長男、次男、三男
出典：『ミツコと七人の子供たち』河出文庫

とは、ミツコの大きな功績である。子供たちの多くは有能なコスモポリタンとして羽ばたいていった。

長男　ヨハネス（一八九三～一九六五）　東京生まれ、テレジアヌム卒業。専門学校を経て成人後、家督相続者となりロンスペルク城主。ユダヤ人リリーと結婚したが、彼女はミツコを無視し、賭博にふける。城に遊興の間をつくり、天井にトランプの絵を描かせる。ヨハネスは第二次世界大戦後ボヘミアを追放され、ドイツで没。

次男　リヒャルト（一八九四～一九七二）　東京生まれ、テレジアヌムを経てウィーン大学卒業。哲学博士、ジャーナリスト。ユダヤ人女優と結婚し、アメリカへ亡命、ニューヨーク大学教授。晩年にヨーロッパに帰国、スイスで没。

三男　ゲロルフ（一八九六～一九七八）　ボヘミア生まれ、テレジアヌムを経て、プラハ大学で法学博士に。ボヘミア貴族と結婚、日本大使館通訳、グラーツ大学の日本学の教授。ミツコの七人の子供たちのなかで唯一日本に興味をもつ。その子ミヒャエル、すなわちミツコの孫が画家となり、晩年日本に定住。

長女　エリーザベト（一八九八〜一九三七）　ボヘミア生まれ、ウィーン大学卒業、法学・経済博士。兄弟姉妹のなかで、もっとも優秀。オーストリア首相秘書となり、首相が暗殺されたのでパリに亡命、その後独身のまま病死。
次女　オルガ（一九〇〇〜七六）　ボヘミア生まれ、ミツコと同居して母親を最後まで介護した。独身。
三女　イーダ（一九〇一〜七一）　ボヘミア生まれ、ウィーン大学卒業後、ドイツ人技術者と結婚、ドイツへ移住する。当時有名なカトリック文学作家となる。
四男　カール（一九〇三〜八七）　ボヘミア生まれ、ウィーン出身の女性と結婚、オーストラリア、フランスなど各国を移住しながら、ギリシャの大学教授、ジャーナリストとして活躍。

❖子供たちの結婚騒ぎ

とくに次男のリヒャルトは美男かつ頭脳明晰で、ミツコの自慢の息子であった。しかしまだ大学生のとき、かれは舞台女優のイダ・ローラン（芸名、一八八一〜一九五一）との結婚を決意する。ローランはユダヤ人商人の娘で、リヒャルトより一三歳年上のウィーン生まれであった。ローランは一八九八年に女優デビューし、ウルム、ベルリン、ミュンヘンなど、ドイツの各劇場で舞台に立ち、一九一三年にウィーンに帰ってきた。その間彼女は、二回の結婚・離婚を経験し、子供が二人いる身であった。すでに彼女は演劇界やサロンの第一人者として活躍しており、当時のヨーロッパの四大女優の一人といわれていた。リヒャルトはその彼女と恋に落ちてしまったのである。

リヒャルト（1926）

一九一四年の四月に一九歳のリヒャルトは、三二歳のイダ・ローランと結婚した。これは最初のうち内密にされたが、リヒャルトが予見していたように露見し、周囲に大きな波紋を投げかけた。とくにミツコがこの結婚を絶対に許さなかったから、母親思いのリヒャルトは苦しい立場に追い込まれた。とうとうかれはミツコに勘当されたが、それでもローランと別れず、彼女との結婚にこだわった。

これに追い討ちをかけるようなことが起こった。二〇歳の長男ヨハネスの結婚相手も、かれより二歳年上のユダヤ商人の娘リリーで、一説には彼女はサーカス団員でもあったという。さらに彼女はオーストリアの女性パイロットの草分けとして、歴史的に名を残している。ミツコにしてみれば、手塩にかけて育ててきた自慢の息子たちが、親の意に反して、「未成年」のまま勝手にユダヤ人女性と結婚をすることに我慢がならなかった。ミツコのユダヤ人観はわからぬが、明治生まれの人間であったので、彼女が身分にこだわっていたのは事実である。取り乱した彼女は、結婚相手を口汚く罵った。母子間の葛藤はピークに達し、ミツコと長男、次男との間に抜き差しならない大きな溝をつくってしまった。

ただし、ミツコの長男と次男の結婚相手がユダヤ人女性であったことは、偶然の結果というより必然とみなされる。というのも、息子たちの父ハインリヒはコスモポリタンであり、ユダヤ人に対して

パイロット姿のリリー

ヨハネス（1915）
出典：『ミツコと七人の子供たち』河出文庫

も常にシンパシーをもっていた。しかもこれまで述べてきたように、ウィーンにはユダヤ人が人口の一割程度いたし、才能あるユダヤ人も多かったから、そのなかから結婚相手を選ぶこともあり得たのである。

リヒャルトの場合、結婚は誰しも危惧したが、かれは第二次世界大戦を経てイダ・ローランが死ぬまで常に行動をともにし、彼女から献身的な支援を受けた。ローランは一九三七年に女優を辞め、一九三八年からリヒャルトといっしょにアメリカへ亡命した。そして、かれの活動を経済的に支援しながら、アメリカ亡命者の組織化に尽力し、戦後、二人はスイスへ移住した。パン・ヨーロッパ運動もローランの献身的な尽力のおかげでヨーロッパやアメリカで拡大したといえる。

ただしミツコとローランの間は、ミツコが死ぬまで和解はなかった。かわいい息子を取られたという、ローランを罵倒するミツコの声を周りの人びとは何度も聞いた。ただしリヒャルトとミツコの間は、かれがパン・ヨーロッパ運動で成功するにつれて、修復され、彼女は息子の成功を内心喜んでいたという。

第四章 次男リヒャルトのパン・ヨーロッパ運動

❖パン・ヨーロッパ構想

リヒャルトは、軍人のみならず一般市民を巻き込んだ第一次世界大戦の惨状を見て、悲惨な戦争を深く省察した。パン・ヨーロッパ構想が浮かび上がってきたのは、一九一九年以降であったが、リヒャルトはヨーロッパを統一体とすると、平和と繁栄が約束されるのではないかと考えた。リヒャルトが提唱したパン・ヨーロッパ運動は、かれの母は日本人、父はオーストリア人、妻はユダヤ人であったという、ウィーンの多民族主義の土壌から生まれたといえよう。まずかれは出自によって必然的に、ロシア革命のボルシェビズムではなく、自由主義による平和確立のための政治体制を選択した。かれはアメリカ合衆国を視野に入れながら、ヨーロッパの復権を構想した。すなわち関税なしの、通貨も単一の移民国家であったアメリカのイメージを、ヨーロッパに当てはめようとしたのである。したがってそれは、究極的にはヨーロッパ合衆国の夢であった。

一九二三年、二九歳のかれは「パン・ヨーロッパ」構想の本を出版した。これが反響を呼び、一〇万部を数えるベストセラーとなった。かれが目指したのは、第一にヨーロッパの統合によって平和

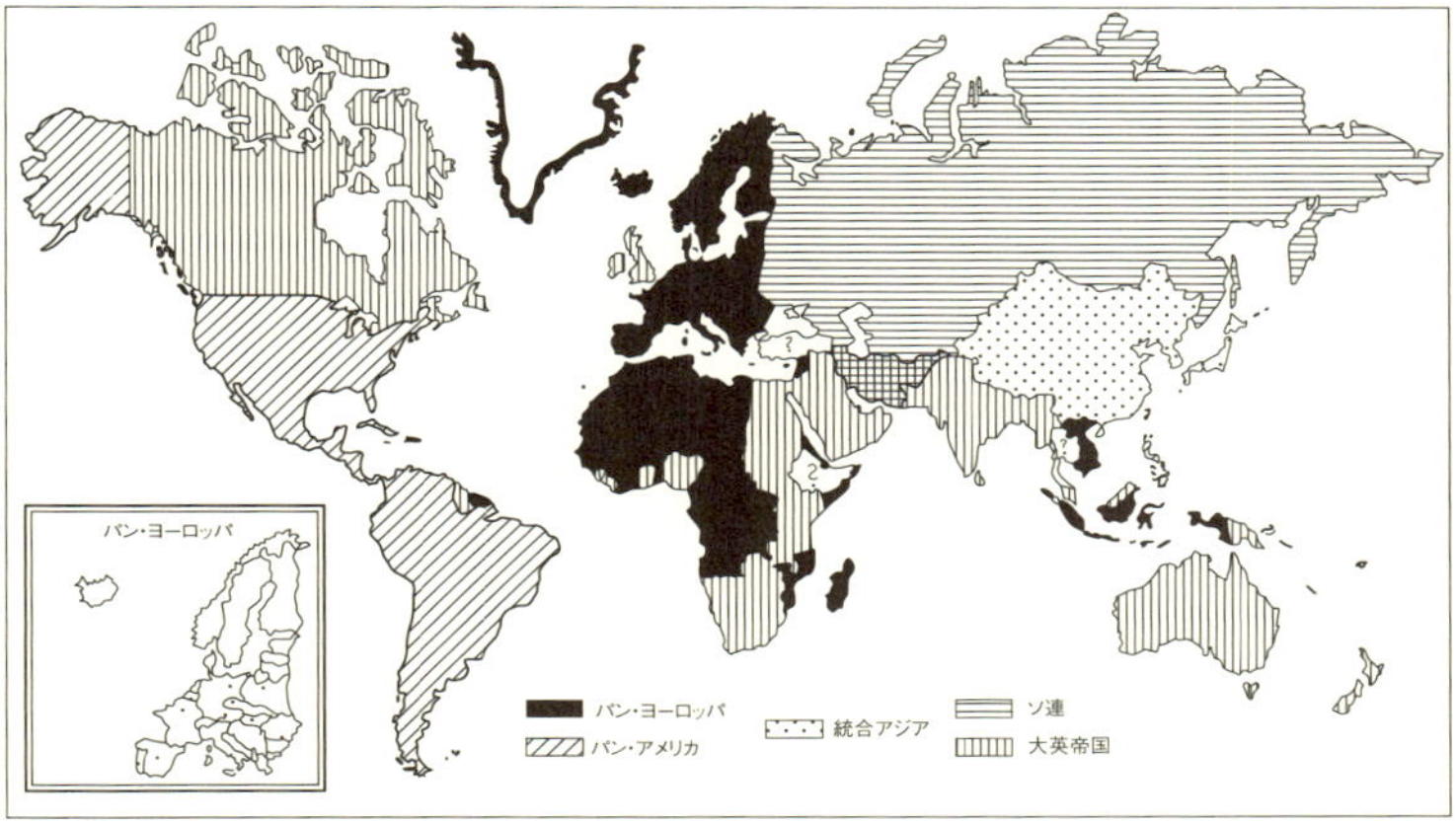

世界の五大ブロックとパン・ヨーロッパ構想図。当時の植民地主義を反映している

を確立することであった。というのは国境の線引きによって、たえず領土問題が起き、戦争の要因となってきたからである。第二に関税を撤廃すれば、各国の経済が発展し、国民相互にとって利益が大きいことを主張した。しかし具体的な構想の核心は、世界を五つのブロックに分割する以下の案である。リヒャルトはかつてロンスペルク城で地球儀を見ながら、外交官であった父の話を聞いた経験から、世界規模でブロック化する構想を思いついたのであろう（上図参照）。

1　パン・ヨーロッパ（統合ヨーロッパ）
2　大英帝国
3　パン・アメリカ（統合南北アメリカ）
4　統合アジア
5　ソ連

リヒャルトは共産主義運動と合致できなかったので、東方のソ連と西側ヨーロッパ・ブロックに線引き

パン・ヨーロッパ会議のリヒャルト夫妻。
左端はトーマス・マン（1930）
Archives cantonales vaudoises蔵

「パン・ヨーロッパ」の雑誌。『ヨーロッパよ、目覚めよ』とある

せざるをえないと考えた。これらの区分のうち、二番目の大英帝国ブロックを提示しているのは、現在では違和感をおぼえる人がいるかもしれない。しかし二〇世紀前半のイギリスは、全盛期を過ぎていたとはいえ、当時、世界各地に植民地をもち、世界規模のネットワークの要であったので、パン・ヨーロッパとは一線を画したのであろう。同様に地図を見れば、アフリカの区分もヨーロッパの植民地がベースになっていることがわかる。リヒャルトはヨーロッパ・ブロックを、前述のように「ヨーロッパ合衆国」のイメージで実現させようとしたが、それをあえて「パン・ヨーロッパ」という表現に変えたのは、あまりにも統合を急ぐと、人びとの反発を買うからである。

さらにリヒャルトの構想は、貴族がリーダーシップを発揮して統合を指導するという、貴族主義に裏打ちされていた。これはかれ自身の伯爵という身分を前提としての発想であった。それを時代的限界と受け止めるか否かは、議論が分かれるところであろう。

❖賛同する人びと

一九二六年にウィーンではじめて「パン・ヨーロッパ・ユニオン」の国際集会が開かれた。そこには二六ヶ国、約二〇〇〇人の代表が集まり、運動方針の採択と中央議会の議長にリヒャルトを選出した。かれの「自由、平和、繁栄」という理念は大きな反響を呼び、各国の政治家、文学者、著名人にも賛同するものが多くいた。以下に名前を列挙するのは、そのうち現代でも名を知られている人たちの一部である。

パン・ヨーロッパ会議の首脳メンバー。
前列の左から2人目がリヒャルト、当時30歳

まず文学者・文化人ではリルケ、トーマス・マン、ハインリヒ・マン、アインシュタイン、ハウプトマン、シュニッツラー、フロイト、ヴェルフェル、シュテファン・ツヴァイク、ブルノー・ヴァルター、ヴァレリー、ポール・クローデル、ジュール・ロマン、オルテガなどの有名人が賛同した。当時の賛同者の多くは後にナチスと対立し、亡命や弾圧を経験している。またユダヤ人やユダヤ系の人たち（傍線）も比較的多く、後の反ナチス運動の中核を担う人びともいた。なお第I部で論及したアルマの夫ヴェルフェルも、ここに名を連ねている。

またパン・ヨーロッパ・ユニオンに賛同した政治家については、アデナウアー（第二次世界大戦後の西ドイツ首相）、オットー・

フォン・ハプスブルク（オーストリア＝ハンガリー帝国の皇太子）、フランスのアリスティード・ブリアン（ノーベル平和賞受賞者、外務大臣、首相）、エドヴァルト・ベネシュ（後のチェコスロヴァキア大統領）、エドゥアール・エリオ（後のフランス首相）などが挙げられる。

これらの政治家のうち、一九二九年にジュネーブの国際連盟総会にて、ヨーロッパ首脳がおこなった演説は大きな反響を呼んだ。フランス首相ブリアンは、ロカルノ条約締結によってノーベル平和賞を受賞していたが、若きリヒャルトの理解者となっていた。かれは演説の名手で、平和主義の闘士として国際連盟で熱狂的にパン・ヨーロッパ運動に賛意を表明した。

同じ支援者としてドイツのワイマル共和国の外務大臣シュトレーゼマンが登場し、パン・ヨーロッパ運動に賛意を述べつつ、経済面から各国の関税の撤廃を主張した。かれもフランスのブリアンと同じく、ロカルノ条約締結でノーベル平和賞を受賞している。これらの国連演説を聴いていたリヒャルトとイダ・ローラン夫妻は歓喜した。ヨーロッパの主要国の首脳が味方になり、かれの運動がピークに達しつつあったことを実感することができたからである。

❖リヒャルトとフリーメイソン

フリーメイソンは一般に不気味な秘密結社とみなされ、陰謀説や世界制覇を目指す闇の集団組織として、巷間では興味本位な伝説が流布してきた。しかしその真相は人文主義的な、啓蒙思想に依拠したものであった。また「愛」やヒューマニズムの理想の実現を求めたものでもあったといえる。たとえばゴットホルト・エフライム・レッシング、ゲーテ、モーツァルト、フリードリヒ二世たちがフリーメイソンであったことは有名である。

リヒャルトは、伯爵（一九一九年に廃位）であったとはいえ、前掲のパン・ヨーロッパの首脳会議の写真でもわかるように、老練な政治家に交じりながら三〇歳で議長となり、運動の中心人物として采配を振るっている。かつヨーロッパ各国の政治家と堂々と交流し、文化人としても広くて深いつながりを誇示している。これはかれの非凡さの証左であろうが、常識的に「不自然」で、かつ不思議なことである。それは明らかに何か別のバックグラウンドがあったと考える方が、自然ではないだろうか。

ミツコの手記を読むと、リヒャルトの父親が代理公使として東京で勤務していたとき、慈善活動にも熱心であり、日本人が災害で苦しんでいるのを見て放置できず、資金援助をユダヤ人富豪のロスチャイルドに要請したという。父親が親ユダヤ的であったということはすでに述べたが、大富豪のロスチャイルド家は芸術家のパトロンであっただけではなく、フリーメイソン組織に深くかかわっていた。おそらく父ハインリヒもフリーメイソンであったから、ロスチャイルド家とのつながりが生まれたものと考えられる。

フリーメイソン研究書『カトリック教会とフリーメイソン』によると、第一次世界大戦後の一九一九年一月に、ウィーン・フリーメイソンのグランド・ロッジが「再建」され、これは一四のロッジと一〇四四人の会員からなっていたと記されている。リヒャルトは一九二二年にフリーメイソンに参入したが、それは「フマニタス」という支部ロッジであった。このフリーメイソン支部は、社会改革と平和運動を目指す啓蒙主義的な組織である。リヒャルトは一九二六年にこの「フマニタス」のロッジを脱会しているけれども、それはフリーメイソンの上部のグランド・ロッジに移籍・昇進したからである。リヒャルトがフリーメイソンであったことは、動かしがたい周知の事実である。

かれはイギリスのチャーチル首相、アメリカのトルーマン大統領と交流があったが、二人ともフリーメイソンであり、国連でのかれの運動を支援して演説をした、ワイマル共和国の外務大臣シュトレーゼマンとチェコのデネシュも同様である。このような事実から、かれのパン・ヨーロッパ・ユニオンには、バックにフリーメイソン・ネットワークが存在したというのは、荒唐無稽なことではない。

「フマニタス」の標章

しかも亡命者でありながら、リヒャルトがニューヨーク大学の教授になり、教壇に立ちえたのは、フリーメイソン・ロッジのネットワークのバックアップがあったからと推測できる。アメリカ合衆国がフリーメイソンと密接にかかわる国家であることは、初代ワシントン以来、草創期の大統領の多くがフリーメイソンであったことからも周知の事実である。しかし日本のリヒャルトの研究者で、かれの活動とフリーメイソン人脈の関係にふれる人はいない。

ふつうフリーメイソンは、秘密結社であるから規則のなかに、組織のメンバーであることを公表してはいけないという禁止事項がある。リヒャルトも自伝や回想録にフリーメイソンのことにはふれていない。しかしその人脈を介して運動を展開したと考えるならば、まったく間に運動の中心人物にのし上がっていった謎が氷解するのではないだろうか。おそらくユダヤ人の妻のイダ・ローランはそれを知っていたか、あるいは自身も組織に深くかかわっていたかもしれないが、彼女もこの件には口を固く閉ざしている。

筆者がここでフリーメイソンについて論及しているのは、前述のように得体の知れない陰謀説とは無関係の結社という意であって、それがヨーロッパの啓蒙主義を担ったポジティブな意味においてである。一九五五年にリヒャルトは、シラー作の「歓喜に寄す（An die Freude）」をヨーロッパ統一の賛歌にすることを提唱した。それはEUにも引き継がれ、現在、ベートーヴェンによるメロディ（第九交響曲第四楽章）がEUの「国歌」となっている。シラーがフリーメイソンであったことはほぼ定説であり、シラーの原詩における「あらゆる人びとが兄弟となる」という思想には、フリーメイソンの深い意味が込められていることは、知る人ぞ知るであるが、EUではベートーヴェンのメロディだけで、シラーの歌詞は採用されていない。それはフリーメイソン陰謀説を回避するためであろう。

第五章
ナチスとの対決——次男リヒャルトと長女エリーザベトの連携

❖ヒトラーによるパン・ヨーロッパ運動の禁止

ナチス・ドイツはパン・ヨーロッパ運動を否定した。その多民族を統合する構想と、「アーリア人優越説」を標榜するナチスのナショナリズムとは相容れなかったからである。結果的に、パン・ヨーロッパ運動はナチスと思想的に対決を迫られたが、根本的な対立点はいうまでもなくナチスの人種主義にある。論点を明らかにするために、ここでナチスのイデオロギーの概略を確認して、どこがどう違うのかを明らかにしておきたい。

ヒトラー（1920年代）

まずヒトラーは、第一次世界大戦後のかなり早い時期（一九一九年ごろ）に、反ユダヤ主義にもとづく「アーリア民族」による人種主義を提唱していた。ヒトラーはフランスのゴビノーの人種論を借用し、「アーリア人種」の身体的特徴を、金髪、碧眼、白人というイメージとして描いた。ところがヒトラー自身は金髪でも特徴的な碧眼でもないし、ナチスの幹部の多くも、ハイドリヒを除くと同様である。その矛盾を棚に上げ、ヒトラーはどこにも存在しない純粋な「アーリア人種」という幻想を信じ込み、「雑種と混血」を同一視し、異民族間の「混血」を禁止した。そして生存競争によって生き残った優秀な民族が支配し、「劣悪な民族」を淘汰すべしと主張した。その延長線上にユダヤ人排除が展開されてきたのである。

ヒトラーの人種主義は、「混血」およびそれによって引き起こされた「人種」の水準の低下は「あらゆる文化の死滅の唯一の原因である」と断定する。この論理をリヒャルトに当てはめると、日本人とオーストリア人の「混血」であるリヒャルトは「まぎれもない雑種」と判断され、かれの妻がユダヤ人であることは、容認できないということになる。この点だけを取り出しても、リヒャルトのパン・ヨーロッパ運動はナチスのイデオロギーとはげしく対立するものであった。

❖リヒャルトとムッソリーニの会談

パン・ヨーロッパ運動はヒトラー政権のもとでは展望が開けるわけがない。リヒャルトはそこでイタリアに目を向けた。ここにも当時ファシストのムッソリーニがいた。ただしイタリアのムッソリーニは、ヒトラーが人種論の視点から南ヨーロッパ人、とりわけイタリア人を蔑視したので、もともとヒトラーの人種主義に不快感を示していた。ムッソリーニは人種主義にこだわらず、しかもパン・ヨーロッパ構想にも一部賛同をしていた。しかもムッソリーニは当時のオーストリアのドルフス首相と連携をとろうと画策している。そのうえリヒャルトの妹エリーザベトがドルフス首相の秘書をしていたのである。

たしかにドルフス首相の政治的スタンスは、一面ではファシストといえるが、かれの政治姿勢は反ヒトラー、親ムッソリーニであった。この問題がリアリティをもつのは、オーストリアの政治的核心の問題にミツコの次男と長女がかかわっていたという、歴史的事実があったからである。もちろんミツコはこの問題とは無関係で蚊帳の外であるが、おそらくリヒャルトとエリーザベトは兄妹の誼《よしみ》で、しかも二人ともウィーンに住んでいたのであるから、喫緊の政治状況については連絡を取り合っていたに違いない。

ヒトラーによって暗礁に乗り上げたパン・ヨーロッパ構想の展望を拓くために、リヒャルトがムッソリーニとコンタクトをとろうとしたのは、容易に推測できる。リヒャルトはムッソリーニにかすかな望みを託し、かれと二回ほど会談をしている。最初の会談は一九三三年五月のことである。この時点ではオーストリアのドルフス首相とムッソリーニは友好関係を結んでいた。リヒャルトはこの会談で、パン・ヨーロッパ構想に賛同をとり付けようとしたのではないかと考えられる。しかし会談は不首尾に終わった。

もう一回は一九三六年五月のことであるが、すでにドルフス首相は暗殺され、リヒャルトの妹はオーストリアにはおらず、フランスに亡命していた。かれはオーストリアをナチスから防衛し、その独立を確立するためにイタリアとの連携を考え、会談により反ヒトラーの打開策を模索したのではないか。この時点ではもはやパン・ヨーロッパ構想はほとんど実現の見込みがなかったからである。

リヒャルトがドルフス首相の側に立ったということ、またムッソリーニと会談したという歴史的

パン・ヨーロッパ本部があったホーフブルク宮殿

事実は、第二次世界大戦後の評価では、間違った判断と批判されることが多い。たしかにこれは、EU設立のおりにリヒャルトのパン・ヨーロッパ構想が主導権を取れなかった要因であったとはいえる。しかし当時の状況を度外視して、ここでパン・ヨーロッパ構想の方法論をめぐって、短絡化した評価を下すことはできない。当時リヒャルトは、妹を介してドルフス首相とも連携をとれる立場であったこと、首相の一九三四年の「オーストロファシズム」（カトリックを中心にした親ファシズム運動）などを考慮しなければならない。これも激動の時代では、ワイマル共和国の多党化の轍を回避するためのやむをえない施策であったこと、すなわちかれはオーストリアのナチス化を避けなければならなかったという、困難な局面に立たされていたのである。

そうこうしているうちにヒトラーとムッソリーニは手を結び、ナチスの「パン・ヨーロッパ運動」に対する攻撃は先鋭化していった。それでもドイツとの併合前のオーストリア国内では、まだナチスの活動はあったとはいえ、それほど露骨ではなかった。しかし一九三八年にナチス・ドイツがオーストリアを併合してからは、オーストリア・ナチスの活動が先鋭化してくる。ドイツで「パン・ヨーロッパ・ユニオン」の解散命令を受け、ウィーンのホーフブルク宮殿内にあったその本部がナチスに襲撃された。

かつてのハプスブルクの神聖ローマ帝国やオーストリア＝ハンガリー帝国の居城にあった本部では、書類は焼かれ荒らされた。リヒャルトは追い詰められ、スイス大使館へ緊急亡命しなければならなかった。ナチス宣伝相のゲッベルスはリヒャルトを標的にし、かれを裁判にかけると脅迫した。ウィーンの「パン・ヨーロッパ・ユニオン」の本部は、完全に機能停止となった。リヒャルトはスイスから、フランス、スペイン、ポルトガルを経て、一九四〇年から四五年のドイツ敗戦までアメリカへ亡命することになる。亡命中、アメリカのルーズベルト大統領との面会は、不首尾に終わった。これはアメリカにとって、ヨーロッパ統一が戦略的に好ましくないという視点による見解の相違から生まれたものと考えられる。

❖ドルフス首相暗殺とミツコの長女エリーザベト

オーストリア＝ハンガリー帝国崩壊後、貴族制度がなくなるとミツコにとって政治はどうでもよくなった。関心のあった日本の状況はウィーン大使館経由で彼女に伝わった。ミツコの子供たちのなかで、第一次世界大戦と第二次世界大戦の、いわゆる「戦間期」のオーストリアの政治状況をもっともよく理解していたのは、次男のリヒャルトと長女のエリーザベト（愛称エルザ）であった。パン・ヨーロッパ構想を提起したリヒャルトは、ヒトラーの民族主義的な汎ゲルマン構想に反旗を翻し、ナチスに追われることになったからだ。ドイツによるオーストリア併合後に、リヒャルトはスイスを経てアメリカへ亡命し、やがてニューヨーク大学教授になったことはすでにふれた。

他方、長女エリーザベトについては、ミツコの子供たちのなかでもっとも聡明で、女神のようにやさしかったというが、彼女の記録はきわめて少ない。残っているのはボヘミアで過ごした少女時代の写真と、一九二九年のオーストリア首相の秘書時代の写真くらいである。わかっているのは父の死後、エリーザベトもミツコに連れられロンスペルク城からウィーンに移住し、ウィーン大学で学び、政治学と経済学の博士号を取得したことくらいである。

ドルフス首相

エリーザベト（1927）
出典：『ミツコと七人の子供たち』河出文庫

聡明な彼女は母の日本的なナショナリズムの世界観を容認できなかったし、だからといって母と対立したくもなかった。そのため彼女は自立し、母の影響圏から離れていた。ウィーンで見出したのがドルフス首相の秘書の仕事であった。すなわちエリーザベトは前述したように、一九三〇年代の激動のオーストリアにおいて、首相秘書として、ドイツ、オーストリア、イタリアの政治の動向を一番よく

ムッソリーニ
Bundesarchiv, Bild 183-2007-1022-506 / CC-BY-SA 3.0

知る立場にいたのである。

当時、ドルフスはムッソリーニと連携をし、ヒトラーと対立するという政治スタンスであった。ドルフス首相はいわゆる「オーストロファシズム」を一九三四年に打ちだした。これはオーストリアを守るための権威主義的な政治体制である。この評価をめぐっては賛否両論があるが、当時一定の権力集中がなければ、統治が困難な時代背景があった。ここにリヒャルトのパン・ヨーロッパ構想とムッソリーニとのかかわりが生まれる余地があった。

オーストリア国内ではヒトラー政権の成立以降、ドイツのナチスと呼応するオーストリア・ナチスが行動を起こし始め、それと同時にドイツから同じドイツ語圏のオーストリアへ脱出するユダヤ人が増えていた。首相秘書としてエリーザベトは的確に状況を見据えていても、頻発するオーストリア・ナチスの国内テロにはどうすることもできなかった。

決定的なテロは一九三四年七月二五日に発生し、ドルフス首相は首相官邸でオーストリア・ナチスに銃殺された。まだ若く四一歳であった。首相暗殺事件の後、身の危険を感じたエリーザベトは、オーストリアがナチスの侵攻を受けることが不可避と考え、混乱するオーストリアを出国する決心をした。選んだ国はフランスであった。

なぜフランスなのかといえば、それは直接的にはエリーザベトの祖母がフランス育ちであったことと、彼女の祖父や父もフランスで暮らしていたことがあり、この国に対する親近感があったからだ。彼女は政治的にはファシズムの嵐は、ドイツ、イタリア、オーストリアが中心で、リベラルなフランスはその圏外にあると考えていたのかもしれない。エリーザベトはウィーンにいた次兄リヒャルトにも別れを告げ、単身フランスへ亡命した。エルザはパリで仕事を見つけ、自立していたが若くして病没した。連絡を受けた長兄ヨハネスと次兄リヒャルトが彼女の遺体を引き取り、ウィーンへ埋葬した。

コラム9 日独伊、枢軸国のすき間風

ナチス・ドイツは国民を統合するためにゲルマン神話を援用したが、イタリアでは神話を必要とせず、古代ローマ帝国の栄光の歴史が絶対的なものであった。たとえば一九三五年にイタリアがエチオピアを併合したとき、ムッソリーニはその宣言を古代ローマ帝国と二重写しにした。すると「イタリア万歳！　ムッソリーニ万歳！」という歓呼の声がこだました。

古代ローマは多民族国家であったので、ムッソリーニはヒトラーのようなアーリア人種主義を標榜しなかった。もちろんかれにも「黒人差別」や「黄禍論」という人種的偏見はあったが、前述のようにムッソリーニはユダヤ人差別をもち出さなかった。

このような意味において、とくにオーストリア併合をめぐって、ヒトラーとムッソリーニは対立していた。ところがナチス・ドイツやイタリア・ファシストが過激な行動を繰り返したので、英米仏などとの対立が深化していった。その結果、イタリアは一九三六年ドイツのヒトラーとも手を結び、ベルリン＝ローマ枢軸が出来上がった。さらに一九三七年に日独伊三国防共協定が、一九四〇年に日独伊三国軍事同盟が結ばれ、この歴史的経緯はよく知られている。

ヒトラーが日本をどう見ていたのかについては、視点によって諸説ある。ナチスのイデオローグ、ハウスホーファーが日本通であったので、ヒトラーがその情報から天皇制にもとづく一致団結した「国体」については高く評価していたのは事実である。またナチス・ドイツは、日独伊三国同盟締結以降では、日独同盟について摩擦が起きないよう外交的な配慮をして

きた。さらに日本が太平洋戦争に突入したときにも、ヒトラーはこれをポジティブに受け止めた。

ところがこれらは、ヒトラーの世界戦略上のスタンスであって、いわゆる表の顔である。ヒトラーには首尾一貫して変わらなかった人種主義への信念があり、これがヒトラーの思想の根幹であった。その意味では前述のようにヒトラーはイタリアのムッソリーニと一枚岩ではなかった。それはヒトラーと日本においても当てはまった。たとえば『わが闘争』において、ヒトラーは日本についてふれ、その文化的特徴について次のように述べている。

> もし、人類を文化創造者、文化支持者、文化破壊者の三種類に分けるとすれば、第一のものの代表者として、おそらくアーリア人種だけが問題となるに違いなかろう。……日本は多くの人々がそう思っているように、自分の文化にヨーロッパの技術をつけ加えたのではなく、ヨーロッパの科学と技術が日本の特性によって装飾されたのだ。……それ（日本文化：筆者注）はヨーロッパやアメリカの、したがってアーリア民族の強力な科学・技術的労作なのである。これらの業績に基づいてのみ、東洋も一般的な人類の進歩についてゆくことができるのだ。……
>
> 今日以後、かりにヨーロッパとアメリカが滅亡したとして、すべてのアーリア人の影響がそれ以上日本に及ぼされなくなったとしよう。その場合、短期間はなお今日の日本の科学と技術の上昇は続くことができるに違いない。しかしわずかな年月で、早くも泉は水がかれてしまい、日本的特性は強まってゆくだろうが、現在の文化は硬直し、七十年前にアーリア文化の大波によって破られた眠りに

再び落ちてゆくだろう。だから、今日の日本の発展がアーリア的源泉に生命を負っているのとまったく同様、かつて遠い昔にもまた外国の影響と外国の精神が当時の日本文化の覚醒者であったのだ。(平野一郎・将積茂訳)

ここからもわかるように、「アーリア人種」第一主義を標榜するヒトラーは、日本人を文化の創造者ではなく、二流の文化支持者とみなしている。すぐれた「アーリア民族」の叡智によって、日本をはじめアジア民族は現状維持をしているというのである。ちなみに第三の文化破壊者はユダヤ人たちを指す。

ここにヒトラーの人種観や日本観が如実にあらわれている。もしヒトラーが第二次世界大戦で勝利していれば、結局ドイツは日本を属国扱いし、日独間には人種問題をめぐって、大きな亀裂と確執が生じたことであろう。ところが『わが闘争』の戦前の翻訳は、目につく図書館の蔵書だけ調べても、この「日本蔑視」の部分をカットして出版していたのである。当時の日本の検閲官がそれを指示したのではなく、いわばこれは訳者の判断で、自主検閲をした結果であると考えられる。当時日本に、人種問題に精通し、鋭くこの問題点を指摘できた検閲官はいなかったからである。

同様な意味において、日本ではヒトラーのユダヤ人蔑視について問題視にする人は少なかった。というのも日本国内では、ユダヤ人を直接見る機会がほとんどなかったからである。それに対して、日本側においてユダヤ人問題に直面したのは、有名なリトアニア領事館の領事代理杉原千畝であることは、現在ではよく知られている。しかし杉原が逃がしたユダヤ人の行方については、日本では歴史の闇にほとんど埋もれたままである。

当時、杉原が発行したビザによってユダヤ人の多くはソ連経由で、まずアジアに向かった。行き先は当時日本が占領していた上海であった。ナチスは日本の当局に対してユダヤ人排斥を訴え、何度も警告を発した。日本政府側はそれを聞いたが、現場ではナチスの人種主義を無視し、一部のヒューマニストたちは、ユダヤ人の保護に尽力をした。

　上海で流入してくるユダヤ人難民に手を差しのべたのは海軍大佐、犬塚惟重である。その意味において、第二次世界大戦時の日本は人種主義に関しては、大きな矛盾を抱えていたといえる。これはユダヤ人差別に対するナチスと日本の乖離現象を示すもので、『わが闘争』の翻訳における自主検閲も、このようなメカニズムのなかで生まれていたのである。これらは日本のナチス受容においても、背景に文化の違いが存在していたことを物語る。

第六章 ミツコと次女オルガ、そして竹久夢二の出会い

❖夢二のヨーロッパ旅行

大正ロマンの美人画で一世を風靡した竹久夢二が欧米旅行をしたことは、あまり知られていない。夢二は一九三一年五月七日に横浜を出港し、アメリカ経由で憧れのヨーロッパ旅行をし、一九三三年九月一八日に神戸に帰国する。その間の一九三二年一二月に、ウィーンへ立ち寄った際、ミツコの家を訪問している。夢二は当時でも名が知られていたからか、ウィーンの日本大使館員がかれを世話した。しかしどういう経緯で、かれがミツコの家を訪問することになったのかわからない。

竹久夢二

ミツコはその際の様子を手記に次のように記している。「ウィーンに来た有名な画家詩人が何回もうちへ来て、ヒヤシンスや黄色いチューリップの絵に、日本語で『伯爵夫人クーデンホーフヴェ・ミツコへ』と書いてくれました。絵を額に入れ、居間にかけて、日々この偉大な芸術に心を

打たれ、見るたびに嬉しい気持ちになっています。オルガにくれた白い扇子にも、いくつか葉のついた梅の枝を描いてくれました。そして竹久とサインをしてくれました」（『ミツコと七人の子供たち』より）。

当時、朝日新聞欧州特派員の古垣鉄郎（後のＮＨＫ会長）が、ミツコの家へ同行したときの様子を報告している（一九三二年二月二日〜四日記事、訪問は一九三二年暮れ）。訪問の日にちは特定されていないけれども、夢二が一九三二年一二月九日にフランス、スイス旅行からウィーンに帰ってきているので、かれらはそれ以後、ミツコの家へ行っていることはほぼ確実である。

ミツコの家へは四人で訪問したということだが、そのメンバーは夢二、古垣以外では、外交官の神田襄太郎と贄川善作（ノンキャリア）である。その際、「夢二さんはさっきから婦人の写生をしていた」とのことだが、この婦人をミツコ研究者のシュミット村木さんはミツコと推測し、しかも「光子の絵は戦後の混乱でなくなってしまったようである」としている。村木さんの説であれば、夢二はミツコに関心を示したということになる。その可能性は否定できないけれども、筆者は、夢二がこのときミツコに絵をプレゼントしたのとは別に、次女オルガをモデルに絵を描いており、それが「扇をもった女」であると解釈する。しかもその絵はなくなっておらず、当時の贄川が日本へもち帰っており、子孫が秘蔵していたものが、近年公開された。

❖「扇をもつ女」のモデルは？

まずモティーフの扇であるが、クリムトにも晩年の作の「扇をもつ女」があるとはいえ、かれの遺作となったこの作品は当時まだ公開されておらず、夢二とクリムトとの接点はない。扇は夢二が欧米旅行に備えてプレゼント用にいくつか持参していたものである。次に夢二の絵のモデルであるが、これは夢二研究者もまだ追跡しきれてないようである。通常ではヨーロッパ人の女性をモデルにして夢二が描いたのであろうと考えられ、追跡がほとんど不可能だからだ。しかし夢二、ミツコ、オルガのラインから考察すると、その糸口が見えてくるのではないだろうか。

まず筆者は、「女性好き」の夢二が若いオルガをモデルにするはずだと判断する。とくに夢二は渡航前から女性に扇をプレゼントし、それをもたせて絵を描くという場面を想定していたことは日記にもある。さらにもうひとつ、モデルがオルガであるはずだという根拠がある。「扇をもつ女」は、着物の着方を見ればヨーロッパ女性をモデルにしたものではない。

❖着物の「右前」と「左前」

「扇をもつ女」(次ページ右図)の着物の着方が日本風に「右前」であるが、ヨーロッパの女性は通常、コートを「左前」に着るので、着物を初めて着る場合でも、その習慣から「左前」に着る。たとえば引用する図版と比較すればわかりやすい。ベルリンで描いた夢二の「着物を着る女」のヨーロッパ女性を見れば、着付けは「左前」になっている(次ページ中央図)。これはおそらく夢二がベルリンで世話になったバウハウスゆかりのイッテン絵画学校の女性モデルであろうが、着物の着方が日本人と逆であることがわかる。大正ロマンの第一人者夢二が、数えきれないほど着物女性を描いてきて、

神田愛子（1933）

「着物を着る女」（1933）

「扇をもつ女」（1932）

その違いに気づかないはずはない。しかし夢二は、あえてヨーロッパ女性の着方を写実したと考えられる。実際の姿を表現したかったからである。

同時期にベルリンで大使館員、神田の娘愛子を描いた夢二の絵を見れば、コートの着方はヨーロッパ風の「左前」になっている（上の左図）。引用した絵には「ベルリン、一九三三年七月二日」という夢二のサインが入っている。この絵は神田が帰国するときに日本へ運ばれ、大切に保管されていたが、遺族が手放し、二〇一四年になって一般に知られるようになった。三枚の同時代の夢二の絵を並べてみると事情がよくわかるであろう。

ではウィーンの夢二の「扇をもつ女」は、なぜ日本風に「右前」の着物姿なのか。それはいうまでもなく、ミツコの家で、彼女は右手が不自由であった（152ページ参照）とはいえ、まだ娘に着方を教えることができ、かつ家に着物があったからだ。モデルと推定される、当時のオルガの写真が残っている。実際、髪の色は母親ゆずりで黒色であるが、夢二がヨーロッパ風の茶髪にするのはわけもなく簡単である。しかも顔の輪郭、と

オルガ（1929）
出典：『ミツコと七人の子供たち』
河出文庫

くに顎がオルガに酷似している。それからもっている白い扇子は「手記」にあるとおりである。夢二は日本人とヨーロッパ人の「混血の女性」に関心を示さぬはずがない。着物姿と扇子、それから洋風の姿の混交の妙を、夢二はオルガをモデルに描いたと判断する。というのも夢二の絵は、モデルをもとに描くのが常であったからだ。

さて問題の「扇をもつ女」のその後の経緯であるが、実際にはこれは同行した贄川がもらったか、買い取ったかで、いずれにせよ贄川経由で日本へもち帰られたと、評論家、袖井林二郎氏は述べている（『夢二　異国への旅』）。この絵はドイツ日本大使館の外交官神田の娘愛子（長じて瓜生復男エチオピア大使夫人、故人）の証言によると、贄川が所有していたというし、本人がいい絵だと評していたということである。結局、「扇をもった女」は贄川の遺族からその後、現在所有している中右コレクションに渡ったというルートになる。

いきさつを要約すると、夢二は世話になった贄川には「扇をもつ女」を渡し、神田夫妻には、令嬢愛子をモデルにした絵をプレゼントして礼を尽くしたのである。ちなみに神田愛子は評論家袖井氏に、夢二、神田夫妻、贄川の四人とその横に「扇をもつ女」の絵が写った写真を提供している。袖井氏はこうして絵の由来を確認したのである（『夢二　異国への旅』参照）。

❖ベルリンの夢二とユダヤ人

ウィーンを離れ、夢二はその後、一九三三年一月上旬にベルリンへ移動する。その直後の一九三三年一月二九日にヒトラー政権が誕生した。ベルリンの日本大使館員にサポートされながら、夢二は経済的に困窮していたので、かつてバウハウスの中心人物のひとりであったヨハネス・イッテンが開設していたイッテン絵画学校で日本画の講師の仕事を見つけた。実はこのイッテンとグロピウスを引き合わせたのは、驚くべきことにあのアルマであった。ワイマルでかれらはバウハウスのカリキュラムを作成し、斬新な教育を実施したが、次のデッサウ時代に教育方針をめぐって対立し、イッテンはグロピウスのバウハウスを離れ、ベルリンで絵画学校を運営するという経緯をたどる。しかし夢二がベルリンを去ってから、イッテン絵画学校はナチスに閉鎖させられ、イッテンも「退廃芸術家」にリストアップされた。

夢二がベルリンにいるころ、すなわち一九三三年三月三一日と四月一日の日記に、次のように書いている。

ヨハネス・イッテン

Photograph: Paula Stockmar (as mentioned at https://bauhaus.daserste.de/credits) / CC BY-SA 3.0

明日からナッチ《ママ》は猶太（ユダヤ）人の店に張り紙をするといふ。非買同盟だ。赴くところ人力の勢いといふものは恐ろしい。……それは止まれ《ママ》、世界のよろん（世論）はどう動くか、どこか猶太人の住む土地はないか。猶太国の建設が見たい。ぞろぞろと歩く人の不気味さ。葬列よりも重く寂しい。思い上がったナチスの若者の、鉄兜の銭入れをがちゃつかせてゆく勇ましさも何か寂しい。それでお前は幸福になれるであろうか。『猶太人は欧州を滅ぼしはしない。ただ猶太人が欧州の盟主となるであろう』（『夢二日記4』）

ベルリンでもナチスがユダヤ人を弾圧し始めている雰囲気が伝わってくるが、シオニズム運動にも関心をもっていた夢二は、ユダヤ人の行く末を案じている。それはユダヤ人と自らが根なし草のような、ましてやベルリンであてもなく暮らしているわが身を二重写しにしたものであった。夢二の美人画は女性を対象にして、面長で弱々しく、もの憂い表情を醸し出している。その一瞬の表情を切り取る才能は天才的といえる。しかしそれが夢二の世界であると表層的に解釈すると、かれの本質をじゅうぶんに理解することができない。

夢二は旧制神戸中学校時代にキリスト教に関心をもち、熱心に教会に通うクリスチャンであった。中学を中退し、やがて上京して苦学しながら早稲田実業で学んだが、夢二も当時の流行りの社会主義に傾倒し、「平民社」へも出入りするようになり、反戦運動に共感した。ただし思想的にはキリスト教的ヒューマニズムからの接近であって、社会主義の活動家というタイプではない。やがて「大逆事件」のあおりを受け、警察からの尾行や訊問を受けたので、夢二は運動から身を引き、美人画に没頭するようになった。したがって夢二の世界は屈折しており、単純な抒情画家というわけではない。本質は反ナチスであり、ユダヤ人にシンパシーを感じるところに、夢二の真骨頂があったといえよう。かれはヨーロッパ旅行から帰国後、間もなく四九歳で病没する。

第七章
三男ゲロルフとミツコの死

❖三男ゲロルフの日本学

三男ゲロルフに注目すると、明治時代の世界観をもつミツコには、かれだけが納得できる結婚をしたと思えた。長男、次男はユダヤ人女性と結婚し、ミツコと大きな確執を生みだしたが、ゲロルフは同じ貴族、パルフィー伯爵家の令嬢と結婚したからである。ミツコはゲロルフの妻にシンパシーをもっていた。それは貴族というだけでなく、知性があり、気さくな開明的な人柄によるものであった。夫婦には四人の子供があったが、長男ハンス・ハインリヒ（一九二六）、次男ヤコブ（一九二八）、長女バーバラ（一九三二）の後、三男ミヒャエル（一九三七）が生まれた（以上、カッコ内は生年）。とくにバーバラは第二次世界大戦後に、ウィーンでジャーナリストとして活躍した。

ゲロルフはプラハへ移住し、ナチス時代にチェコ国籍で苦労をしたが、日本語ができたので現地採用のプラハ大使館員や通訳をした。ゲロルフは母ミツコを通じて日本文化に深い関心を示し、兄弟のなかでもっとも日本文化を理解していた人物である。もともと家では、ミツコは夫ハインリヒから日本語を話すことを禁じられていたので、三男ゲロルフがどのようにして日本語を習得したのかわから

『満月と蟬の声』

『日本の四季』

『川柳』

ない。夫の死後、彼女が日本語に関心を示したゲロルフに教えたのかもしれない。

　ミツコあてのゲロルフのはがきが偶然見つかったことを、シュミット村木さんは紹介している。それは「御葉書有難うございます。日本の安政二年は、西洋一千八百五十五年と同年でございます。オルガによろしく。母上様に　ロルフィ」（『ミツコと七人の子供たち』）という文面である。おそらくミツコがゲロルフに、安政の年号の西暦換算をはがきで尋ね、それに対する返信であろう。なおロルフィは小さいころのゲロルフの愛称である。短い文面であるが、かれの日本語が母を喜ばすものであったので、ゲロルフは漢字を含めて必死に日本語を独力で覚えたのであろう。かれの日本語習得は無駄にはならず、後年、これが活かされることになった。

　第二次世界大戦後、ゲロルフはオーストリアのグラーツに住んだ。やがてグラーツ大学の日本学の教授となり、俳句や川柳を含めた日本学の著作『川柳』『日本の四季』『満月と蟬の声』などを出版している。これらはドイツ語の本であるが、当然日本語の知識だけではなく、日本文学の本質を理解していないと書けないものばかりである。当時、もちろんミツコはこの世にいないので、現地にいた日本人研究者のサポートはあったが、ゲロルフはまだ日本へは来たことがなかったので、習得した日本語を駆使して多くは書物から知識を得たに違いない。俳句の五七五のルール、季語の問題、それをドイツ語に翻訳するときの困難を乗り越えなければならない。さらに『川柳』においては、自然描写の俳句を前提にしているが、川柳の独自のウィットの味を出さねばならない。なお表紙は富士山を眺めている北斎の絵を引用している。

❖ミツコの死

一八九八年にウィーンへ移住したミツコは、しだいに絵と日本の情報にしか関心を示さなくなった。オルガ以外の子供たちはすべて、ミツコのもとから離れていた。孤立したミツコは先祖返りをするかのように、一種の引きこもり状態になった。会うのは日本人だけで、ウィーンの日本大使館を通じて、日本の新聞、雑誌を読むのが唯一の楽しみであった。それによってしだいに軍国主義化していく日本精神へ傾倒しながら、ミツコは皇后からいわれた「日本人の誇り」を保ち、異国で生きぬくだけであった。帰国しても身内は死に絶え、浦島太郎のように見知らぬ人ばかりで、戸惑うことが予期されたので、ミツコは帰国を実現させようとはしなかった。

ミツコはボヘミアのロンスペルク時代に絵を習っていたが、晩年のウィーンでも絵に没頭した。それは言葉を必要としなかったからである。娘オルガには絶えず愚痴をいい、彼女を困らせる。ミツコ

ミツコの墓

の晩年は脳溢血によって右手が不随になり、必要な場合にのみ左手で字を書いたが、それも意のままにならなかった。しかし脳には異常がなく、オルガが献身的に看病し、最後まで母の世話をした。

ミツコは渡欧してから一度も日本へ帰国することなく、たえず望郷の念を抱きつつ、七人の子供を成人させ、一九四一年にウィーンで死去した。晩年の光子の和歌は、

年老ひて　髪は真白くなりつれど　今なほ思ふ　なつかしのふるさと

と望郷の心情を歌ったものである。明治生まれであるだけに、辞世の句という気持ちであったのだろう。第二次世界大戦中のこともあり、子供たちのうちウィーンに残っていたのはオルガだけだったが、チェコから三男ゲロルフが、ドイツから三女イーダが駆けつけ、母を見送った。ボヘミアのロンスペルクの夫のそばに埋葬してほしいという彼女の願いも戦時下ではかなわず、彼女はウィーンのメードリンクに葬られた。

第八章
「ウィーン玉手箱」、孫ミヒャエルのミツコ追想

❖ミツコの孫ミヒャエルの絵

ゲロルフの子、すなわちミツコの孫にあたるミヒャエルは、絵を趣味にしていた祖母ミツコや父の影響により、幼少から絵画に関心を示し、画家になる決心をして、ヒトラーが夢にまで見たあの「ウィーン造形芸術アカデミー」に入学した。すでに述べたように、ここはヒトラーが二回受験して、二回とも落ち、それを転機として政治家になったことで有名な学校である。ヒトラーのルサンチマンは、「画家」になれなかったことから発せられているように思える。ただミヒャエルとヒトラーの場合、アカデミー受験を除けば、時代的にも大きな差があり、両者はもちろん直接かかわりもない。しいていえばヒトラーの写実的な絵と違って、ミヒャエルのそれは幻想的で不思議な雰囲気を醸し出し、画風からどちらが本物の画家かおのずからわかる。

ミヒャエルはその後アカデミーを首席で卒業して画家となり、活躍して縁《ゆかり》のウィーン造形美術大学やオーストリア政府から、数々の賞だけでなく、「教授」の称号も贈られた。日本に関心をもち、三度ほど来日した。とうとう晩年、かれは日本人の奥さんとともに二〇〇二年から、神奈川県の茅ヶ崎

「ウィーン玉手箱」
©Mayumi-Coudenhove-Kalergi

に移り住んでいた。残念ながら二〇一八年に、ミヒャエルはその地で死去するが、かれの代表作の「ウィーン玉手箱」という作品のタイトルも、いうまでもなく日本の昔話の『浦島太郎』から採られたものである。ミヒャエルはまだ五歳のころ、父ゲロルフから聞いた日本の昔話のことを次のように述べている。

父が話してくれた日本の昔話は大変面白かったので今でもよく覚えています。狸にまつわる「文福茶釜」は、大きなぽんぽこしたおなかと麦わら帽子のタヌキが、カボチャでできた徳利を持っていた話でした。また「浦島太郎」は漁師が大きな亀に連れられて海の底にある乙姫様の住む龍宮城へ行った話でした。この話では、乙姫様から受け取った小さな玉手箱を開けたとたんにお爺さんになってしまったというところに、私は不思議と強く感激したものでした。日本の昔話は単純で美しく、一見のんきな話にも思えますが、何度か聞いているうちに、幾分もの悲しさを感じる部分に出会いました。そんなところが私は好きになりました。（『ドナウの流れる街ウィーン』ヒロメディア・インターナショナル訳）

右ページの絵はウィーンのシンボルのシュテファン教会、その南塔を中心に配し、空にはハプスブルク家の双頭のワシがフェニックスに変身し、デフォルメされて羽ばたいているようにも見える。これは幻想と写実が混在している不思議な絵である。ゲロルフの話がミヒャエルに大きな影響を与えたことがわかるが、その元は、いうまでもなくミツコが伝えた話である。彼女の肖像画については後述するが、その絵をバックにして、笑顔でくつろぐミヒャエルの姿が残されている。

ミヒャエル・クーデンホーフ
（後ろの額装の絵はミツコ）
©Gallery Enatsu Co., Ltd.

❖ミヒャエルのヒューマニズム

ミヒャエルの絵は風景画が多いが、自然を精緻に観察し、その生態系の連鎖のメカニズムを連想させるものが見られる。ただ、なかには政治的な背景をもつ絵もある。たとえばあのヒロシマの原爆ドーム、原爆の子、千羽鶴の光景と、第二次世界大戦中、徹底的に破壊されたドレスデンの聖母教会を対置させ、下方の瓦礫のなかからよみがえった光景を描いた世界平和を願う絵（次ページ）は、幻想的であるが、かれの並々ならぬ想いが込められている。ミヒャエルは、絵を通じて理不尽に殺された人間の「魂」の救済を願った。それにはドイツのドレスデンや日本のヒロシマだけでなく、名もな

「ヒロシマ、ドレスデンの再興」

「江の島の龍」

「希望の龍（The Doragon of Hope）」

「善女龍王図」
（長谷川等伯画、16世紀）
石川県七尾美術館蔵

「聖ゲオルギウスと龍」（ウッチェロ画、15世紀）

い人びとに寄り添うコスモポリタンの平和への願いが伝わってくる。それが真の芸術家の使命だとミヒャエルは考えていたのであろう。

二〇一一年三月の東日本大震災のおりにも、心を痛めたミヒャエルは、震災復興のチャリティ企画に参加し、瓦礫のなかから昇天する「希望の龍」を描いている（前ページ下の右図）。津波に呑み込まれ、灰色になった世界を緑と黄金に変える龍の姿が描かれている。ここにも被災者、弱者に寄せるミヒャエルの心情がにじみ出ている。ミヒャエルは龍が好きだった。「江の島の龍」も、それが通常では目立たないように、空からみどりの島全体をやさしく見守っているように見える（前ページ下の左図）。

ミヒャエルの画風は日本の心情をよく理解したものであった。通常、龍はヨーロッパでは不倶戴天の敵のドラゴンとして、たえず退治される対象である。英雄や騎士の「ドラゴン退治」はヨーロッパ絵画の重要なモティーフであった。しかしアジアの龍は天の使者として雨をつかさどり、神あるいは崇高な信仰の対象となっていた（前ページ上の左図）。ミヒャエルの龍はアジア的世界観に裏打ちされており、ミツコの影響が非常に強いものがある。

それは龍だけでなく、絵に描かれる東洋的な自然と人間が一体化した自然観にも色濃くあらわれている。日本へ回帰したかれの軌跡がこのことを物語っている。繰り返すが、ミヒャエルは絵を通じて不幸な人間の救済を願った。その意味では、芸術は何のためにということをよく理解した人物である。ミヒャエルは日本ではまだあまり知られていない画家のように思われがちであるが、知る人は知り、根強い人気のある人であった。日本でもかれに惹きつけられたファンがいて、絵画展はいつも盛況を博したという。

❖ミツコ追想

ミヒャエルは祖母の国・日本が好きであった。それは日本に移住する前に、三度ほど来日したときに書いた著書『ドナウの流れる街ウィーン』（一種の画集でもある）でも、生まれ育ったプラハやウィーンのことを語った後、日本へ寄せる想いを繰り返し述べている。最後に次のように心情を吐露し、かれの本を締めくくっている。

命あるものいつかは死を迎え、時は過ぎ去って行きます。しかし新しい生命や時代がそこから生まれて繰り返されて行きます。ひとつの「終わり」はまたひとつの「始まり」でもあり、無限に繰り返されて行きます。……このように大局的な見方からすれば、エネルギーを持った小さな点の集合と離散の繰り返しから形成されている宇宙や地球を私は表現したくて絵を描いているとも言えます。そしてそれは、たぶん、数奇な運命を生きた祖母である青山光子の魅力がどこかで私にそう思わせているのでしょう。恐らくこのようなことが、私の絵の中に表れているのではないでしょうか。（ヒロメディア・インターナショナル訳）

こうしてかれは日本人の妻とともに、とうとう二〇〇二年にヨーロッパから日本に移住した。孫ミヒャエルはミツコの熱い気持ちを受け止め、彼女の望郷の想いをかなえたともいえるのではないだろうか。本当のところ「玉手箱」は開けてはいけないのであるが、ミヒャエルの「ウィーン玉手箱」には、ミツコのかなわなかった願いも封じ込めていたように思う。

「朝顔の絵」
©Mayumi-Coudenhove-Kalergi

孫ミヒャエルはミツコ自身が描いた絵を所有し、さらに若きミツコの肖像画を何度も描いている。その背景に朝顔が描かれたものがある。かれは朝顔を主題にした絵も描いているが（上図参照）、この花を描くことを通じて日本のイメージを追求しようとしたのではなかろうか。そう解釈すると、ミヒャエルのミツコへの深い想い入れが伝わってきて、かれが日本を終《つい》の棲家にし、画家人生を終えようとした気持ちもよくわかるような気がする。かれは祖母の国で、クーデンホーフ・ミツコの人生の軌跡を完結させたといえる。しかし、ミヒャエルは日本だけでなくウィーンを愛し、生まれ故郷のプラハにも愛着をもったコスモポリタンであった。祖父ハインリヒは十数ヶ国語を話す外交官であった。「EUの父」ともいわれた叔父リヒャルトは、欧米を渡り歩いた知識人として名を残している。このようなクーデンホーフ家のコスモポリタンの軌跡をミヒャエルは受け継いでいたのである。それは数奇な運命をたどったミツコの夢でもあった。

「時の彷徨」
© Mayumi-Coudenhove-Kalergi

最後にミヒャエルの「時の彷徨」という作品を引用しよう。中央部に時の女神らしき女性が時間を統括している。各種の時計が異なる時間を示している。そして金魚、タツノオトシゴ、いろいろな魚が泳ぎ、その間から花も咲いている光景が見える。この絵は何を表しているのであろうか。筆者は中央の女性を、ミヒャエルが若きミツコをイメージして描いたのではないかと思う。魚が泳いでいるのは水中の龍宮城のイメージか。「時の彷徨」というタイトルから、ミヒャエルは時間を超越してミツコに会っているのではなかろうか。彷徨はミヒャエルのルーツへの旅でもあり、ミツコの望郷の想いをかなえる旅でもあったのだから。

コラム10 ミヒャエルが師から聞いた受験生ヒトラーのエピソード

本文にも書いたが、ミツコの孫のミヒャエルとヒトラーには、時代は異なるものの、ウィーン造形美術アカデミー受験という共通点があった。入学したミヒャエルは指導を受けた教授ヨーゼフ・ドブロフスキー（一八九二〜一九六四）から、受験生ヒトラーの様子聞いた。というのも教授は、ヒトラーと同じときにアカデミーを受験し、かれがその隣席に座っていたからだ。受験生の間でも当時のヒトラーは、印象に残る行動をとっていたようである。ミヒャエルは『ドナウの流れる街ウィーン』のなかで、ドブロフスキー教授から聞いた次のようなエピソードを紹介している。

一人のやせた身なりの貧しい男がドブロフスキーの隣の席に座っていました。志願者は前方に座っているモデルの肖像を描くことになっていて、受験者全員がそれに従いましたが、ドブロフスキーの隣のこの男だけは窓の外に見えるカール教会を描いていたそうです。

彼は試験官からモデルの肖像画を描くよう何度も注意されましたが、決して従いませんでした。彼はモデルや人物画を描くことには全く興味を示さず、ただ建築物をえがくことしか興味がなかったのです。当然彼は入学を許可されませんでした。このやせた男の名はアドルフ・ヒットラーで、政治家として恐ろしい生涯を送る前に、画家を志していたことは大変興味あることです。（ヒロメディア・インターナショナル訳）

「カール教会」
（ヒトラー画、1910）

ヒトラーが建築に興味があったというのは事実で、問題のカール教会はウィーン時代のヒトラーの絵にも複数枚残っている。ヒトラーはかなりこの教会に執着していたようである。実はこの教会でアルマとマーラーが一九〇二年に結婚式を挙げたのであるが、まさかヒトラーがその事実を知っていたとは思えない。ミヒャエルのカール教会のエピソードは偶然にすぎないが、ヒトラーとマーラーの関係は、ナチス時代の指揮者フルトベングラーとカラヤンのナチスに対する指揮者のスタンスにかかわる、重要な問題を内包していることだけを指摘しておきたい。

「冬のカール教会」（ヒトラー画、1912）
右下にA. Hitlerのサインが見える

話をヒトラーに戻すと、かれが建築学を学ぶにしても、実科学校（職業教育をおこなう中等教育学校）中退の学歴では道が開かれなかった。なおヒトラーが実科学校を卒業できなかったのは、嫌いな科目を誰が注意しても勉強しなかったからである。かれはアカデミー受験でも同じことを繰り返したのである。

ここでミヒャエルとヒトラーの絵について比較をしてみると、画家の本質的な問題がクローズアップされよう。ミヒャエルの絵は自然や建物を描いていても、その根底に人間や自然の営みに対する畏敬の念があふれ出ている。かれのミツコ観も同様である。ところがヒトラーの場合、建物画や自然描写は人間を抜きにした雄大さ、崇高さの描写はあるにしても、人間はどうでもいいような存在に扱われている。それは世界観の問題であるが、国家の偉大さ、英雄的カリスマ性を追求するあまり、ヒトラーは人間を抹殺したり、戦争を起こしたりすることに躊躇しなかったのではなかろうか。かれの美術観は政治観とやはり連動していたのである。

第九章　ミツコの第二の故郷を訪ねて

❖ドイツからボヘミアへ

筆者は二〇一〇年八月、いまは廃城となっているロンスペルク（ポビェジョヴィツェ）城を訪れた。現在はチェコの西端にあたり、首都プラハからは鉄道やバスの便が悪く、しかたがないので、ハインリヒとミツコが日本から入国したドイツルートの、レーゲンスブルクから国境の町フルト・イム・ヴァルト経由でチェコへ入国した。ミツコの手記ではこの町で、パパ（夫のハインリヒ）はびっくりするような手桶のジョッキでビールをおいしそうに飲んだとある。なおフルト・イム・ヴァルトではちょうど夏祭りの名物、「龍退治」が開催されていた。これはミヒャエルの描く日本の龍（156ページ参照）と違って、巨大な怪物が騎士に退治される祭りであった。

その翌日、チェコに入国するために駅前のタクシー運転手と交渉をした。運転手から、ポビィエジョヴィツェは田舎町ゆえ不案内なので、ここから国境を越えた町まで乗せていくから、そこからは土地をよく知ったチェコのタクシーを乗り継いでいけばいいのでは、と提案されたのでそうすることにした。

かつての鉄のカーテンで閉ざされていた国境も、EU域内であるので何の入国チェックもない。難なくそこを越え、小さな田舎町でチェコのタクシーに乗り換えた。当地の運転手に事情を話した。ドイツの国境の近くに住む運転手だけあって、ドイツ語の会話ができたので助かった。運転手は陽気な男で、わざわざ日本人がときどきやってくるが、ロンスペルク城は日本では有名なのかと逆に聞かれた。ミツコの話は日本でも知る人が多いというと、かれは不思議そうな顔をした。

森の国ボヘミアは共産主義の方針で木がほとんど伐採され、あたりはなだらかな草原に変わっていた。丘陵地帯のなかの人家がまばらな道を、車は時速一〇〇キロ以上のスピードで進み、三〇～四〇分走っただろうか、目的地に着いた。町といっても寂れた小さな集落という感じであった。第二次世界大戦後、ここに住む多数のドイツ人が追放された結果、町が衰退してしまい、まだ立ち直れないという。かつてはチェコ人やドイツ人が何の隔たりもなくふつうに暮らしていたのに……。

ロンスペルクの位置（筆者作成）

小高い丘の上に城があったが、廃城のような荒れ果てた状態であった。チェコスロヴァキアの社会主義政権のときに、城は軍関係の施設として使われ、壁は剥がされ荒廃した。しかし、『ミツコと七人の子供たち』を出版したドイツ在住のシュミット村木眞寿美さんが中心になって募金を集め、さらにチェコ側でも保存の重要性を認め、城の修復が開始されていた。当日、城の入口は閉まったままであったが、管理人がいたので開けてもらった。かれ

ミッコの住んだロンスペルク城の入口（右）と中庭（左）（いずれも筆者撮影）

は親切に各部屋を案内し、ドイツ語で説明してくれた。

❖ロンスペルク城の窓——望郷

一二〇年ほど前にここで、ハインリヒとミツコ、そして七人の子供たちの楽しい日々があった。突然のハインリヒの死、暗転した人生のなかで七人の小さな子供を抱え、異国の地で途方に暮れたミツコ。従順な妻から気丈な母となって、彼女は子供たちの教育のことを考え、ウィーンへ移住した。子供たちは貴族の末裔を自覚しながら、多感な少年少女時代をウィーンで過ごした。かつてのハプスブルク家の没落と同様、この城もウィーンと同じ道をたどる。子供たちも激動のヨーロッパ史に翻弄され、その後、各地を転々と移り住んだが、かれらの心の拠り所は故郷のロンスペルク城であった。多民族国家のなかで、日本人の血を半分受け継いだ子供たちは、誰ひとり欠けることなく立派に成人し、羽ばたいていった。第一次、第二次世界大戦をはさんでいたので、それだけでもミツコは立派に母親の役割を果たしたといえる。

荒れ果てたロンスペルク城の周囲をめぐり、夫ハインリヒの日記を焼いた中庭、崩れ落ちそうな城の紋章、城内の各部屋、礼拝所、台所をまわっていくと、修復された部屋とそうでない部屋の落差が目立つ。備品やミツコ縁《ゆかり》の品のいくつかは、いまは近郊のホルショフスキー・ティーン城に移されてここにはない。かつて家族団らんがあって子供たちに囲まれたであろう居間、ハインリヒの書斎、ホームシックにかかって寝込んだというミツコの部屋。窓辺に近づき、そこからボヘミアの草原や空を見た。傷心の彼女も、同じ部屋の窓から、当時はうっそうと茂った森やはるか遠い空の雲を眺めたであろう。

かつてのロンスペルク城の応接間
出典：『クーデンホーフ光子の手記』河出書房新社（単行本）

彼女にとって、窓は日本のなつかしい面影を映すスクリーンであり、癒されるかすかな希望の源であった。夫に先立たれ、一人ぼっちになったミツコは心細くて泣きながら、ボヘミアの森や空をこの窓から眺めたのだ。小さい七人の子供たちを何が何でも成人させなければならない。貴族の末裔として恥ずかしくない大人になってほしいと願ったであろう。たえず望郷の念に駆られても、彼女は一度も帰国できずに、おまけに子供たちは離反していった。

ミツコは東京でクリスチャンになったときに被ったベールを、死に顔に被せてほしいと娘オルガに言い残して異国のウィーンの土となった。「一人でよくぞ頑張ったね」という夫のなぐさめの言葉がどんなに欲しかったことだろう。ロンスペルクにある夫ハインリヒの墓のそばにと彼女は願ったが、戦雲急を告げる当時、ミツコはボヘミアで葬られることなく、現在もウィーンの地に眠っている。荒廃した城でミツコの心情と人生を追体験すると、万感胸に迫るものがあった。

❖ボヘミア民謡

ミツコは日本へ帰らず、いや帰れず、ロンスペルクを心の故郷にした。子供たちが小さいころ、みんなで歌ったボヘミア民謡「ボヘミアの森の奥深くに」がある。次男のリヒャルトがリーダーになって、兄弟姉妹に歌詞を暗唱させたという。ミツコも子供たちといっしょに歌った歌は、三部合唱で三番まである。この歌はロンスペルクを離れても、激動の時代を生きなければならなかった子供たちの心の拠り所として、鮮明に脳裏に残っていたであろう。そしてロンスペルクを第二の故郷にしたミツコの心のなかにも。韻を踏んだ詩であるので、以下に原文と筆者拙訳、楽譜を引用しておこう。

Tief drin im Böhmerwald	**ボヘミアの森の奥深くに**
I	1
Tief drin im Böhmerwald,	ボヘミアの森の奥深くに
da liegt mein Heimatort;	わが故郷がある
es ist gar lang schon her	そこを去ってから
daß ich von dort bin fort.	もう長い年月が流れたわ
Doch die Erinnerung,	けれど思い出は
die bleibt mir stets gewiß,	わが心にたえず残っている
daß ich den Böhmerwald gar nie vergiß.	ボヘミアの森を忘れることなど　どうしてできようか
[Es war im Böhmerwald,	[ボヘミアの森には
wo meine Wiege stand,	わたしのゆりかごがあった
im schönen, grünen Böhmerwald,	美しい緑のボヘミアの森のなかに
es war im Böhmerwald, wo meine Wiege stand,	わたしのゆりかごがあった　ボヘミアの森の
im schönen, grünen Wald.]	美しい緑の森のなかに]
II	2
O holde Kindeszeit, noch einmal kehr zurück,	ああ、愛らしかった子供時代よ　もう一度戻っておいで
wo spielend ich genoß das allerhöchste Glück,	たわむれながら　とてもしあわせを味わったところ
wo ich am Vaterhaus auf grüner Wiese stand	緑の草原にあった父の家から
und weithin schaute auf mein Vaterland.	遥か向こうの　わが祖国を眺めていたわ
III	3
Nur einmal noch, o Herr, laß mich die Heimat seh'n,	ああ神さま、わたしに故郷をもう一度　見せてください
den schönen Böhmerwald, die Täler und die Höh'n;	美しいボヘミアの森、渓谷、そして丘陵を
dann kehr' ich gern zurück und rufe freudig aus:	そうすればよろこんで戻り、嬉しそうに叫ぶわ
Behüt dich, Böhmerwald, ich bleib' zu Haus!	ボヘミアの森よ、守ってあげる　わたしはどこにも行かないわ！

※1番の［ ］部分は2、3番もリフレイン

「ボヘミアの森の奥深くに」の楽譜
出典：https://www.lieder-archiv.de/tief_drin_im_boehmerwald-notenblatt_400144.html

あとがき――ウィーン残照

本書の第Ⅰ部において展開したアルマの男性遍歴と、第Ⅱ部のミツコの生き方は、同時代のナチスの圧政を経験したという共通する歴史を背景にしながら、きわめて対照的であったということがわかる。一方のアルマは激動の時代でも、感情のおもむくまま自由奔放に人生を謳歌し、どんな困難をも前向きに乗り越えてきた。これはヨーロッパ的な個人主義の極端な生き方であった。その是非はともかく、自己を絶対化し、その基準で人生を歩んできた。

他方、ミツコは古い言葉でいえば「婦徳の鑑」として、子供たちの成長を唯一の楽しみとして生きた。しかしそれは受け身の古い日本的な人生観であり、しかも苦労して育てた子供たちのうち、長男、次男は彼女と違った価値観のゆえ、ミツコのもとを離れていった。子供たちはヨーロッパで教育を受け、ミツコとは異なる人生観で生きてきたので、それはミツコのせいでも、子供たちのせいでもない。七人の子供たちのうち、次女オルガは最後までミツコのもとにとどまり、母を見取った。そのためオルガは自分の人生を犠牲にしてしまったが、彼女にしてみれば母を見捨てることができなかったのであろう。これは日本的な家族観のあらわれといえるのかもしれない。しかし隔世遺伝というべきか、ミツコの孫が彼女の気持ちを汲み取り、日本で最期を迎えたのは意外な結末であった。

比較文化論からすれば、アルマはヨーロッパ的な個を中心にして自由に行動したので、それは結婚制度そのものを破壊することもありえた。アルマがあまりにも自己中心的であったから、彼女を道徳的に批判する人がいるかもしれない。しかしそれだからこそ、ウィーン・モダニズムという芸術の大輪の花が開いたともいえる。同様にしてミツコのように家や子供中心の生き方をする日本人は、過去には多数派を占めていたとしても、現在、そのパーセンテージは低くなって、日本が欧米化しているといえる。しかし本書で提示したのは、いまから七〇〜八〇年前の激動の時代と対決した日本人女性の生き様である。それは歴史的事実として、ヒロインたちの人生の軌跡を追体験していただければ幸甚である。

ウィーン・モダニズムをつぶしたのはヒトラーのナチスであった。その栄養素であった多文化主義を否定し、一元化してしまったからである。ナチスの保守的な人種原理主義や民族純化路線は、破壊と殺戮を生みだすばかりであった。芸術に対しても同様である。すでに本文中でふれたが、第二次世界大戦後、ドイツやオーストリアの芸術がどうなったかを検証すれば一目瞭然である。ナチスが賛美した芸術、文学はまったくといっていいほど歴史上に残っていない。逆にナチスが退廃芸術とか、非ドイツ的文学としてこき下ろしたものが、ほとんど美術史や文学史に復活し、現在、絵画史や文学史の主流をなしている。すなわちナチスの美学観は歴史に耐えることができなかったのである。

ミツコのパイオニア精神は結果的に、次男のリヒャルトに受け継がれた。本文でも述べたが、多民族都市ウィーンだから、そして母親が日本人、妻がユダヤ人だから、かれの「パン・ヨーロッパ」構想が生みだされたといえるが、その後継のＥＵが現在、ヨーロッパで大きな存在感を示している。ミツコの苦労は巡りめぐってようやく報われたといえるかもしれない。そしてミツコの望郷の夢は、孫のミヒャエルによってかなえられた。

それにしてもウィーン造形芸術アカデミーの教授たちは、慧眼をもった人たちであったと思う。入学試験において、ヒトラーは人物画を描かなかったし、描くつもりもなかった。人間に対する関心がなかったからである。人間への思いやりがあれば、ヒトラーのような好戦的な侵略やユダヤ人に対する蛮行はできるはずがない。アカデミーの教授たちは、そのようなものが芸術家になるべきではないと判断したのであろう。しかし世間では、ヒトラーを合格させてやっておれば世界史が変わったのにと、かれらは後からたえずいわれ続けた。

ミツコの孫のミヒャエルは巡りめぐって、ヒトラーが受験した、同じウィーン造形芸術アカデミーを首席で卒業し、画家になった。その画風は「ウィーン幻想派」であるが、かれはただものではなく、はるかに心やさしくヒューマニズムにあふれている。その精神がなければ芸術に携わってはいけないからであろうか。それにしても芸術の都ウィーンのモダニズムは、現在、見る影もない。いまはクリムト、シーレ、ココシュカなどの奇才もおらず、マーラー、シェーンベルク、アルバン・ベルクなどの時代を切り拓いていこうとした音楽家ももはや存在しない。

アルマはアメリカへ亡命しウィーンへ帰ってこなかった。ミツコの子供たちの多くもウィーンを出ていった。統計ではウィーンから亡命した人びとのうち、第二次世界大戦後、五分の一だけがウィーンへ戻り、他の人びとは戻らなかった。亡命した人びとはウィーンを愛しながら憎むという、アンビバレントな感情をもっていた。しかし多文化都市で育ったかれらは、ミツコの次男リヒャルトや孫ミヒャエルのように、コスモポリタンとしてどこの国でも生きていくことができたのかもしれない。

残ったウィーン人も戦争の惨禍がなかったかのように、たしかに陽気である。

ウィーンのニューイヤーコンサートでは、お決まりの「ラデツキー行進曲」が登場する。現代でもこの曲が始まると聴衆は大いに盛り上がり、ウィーンフィルと聴衆の一体感が生まれる。ウィーンっ子は無条件にこの曲が好きなのである。ヨハン・シュトラウスのこの曲は、革命を鎮圧したラデツキー将軍をウィーンで迎えるという場面を再現している。ハプスブルク家の栄光はウィーンの誇りであったからだ。このスタンスはウィーンの座標軸をよく示している。すなわちウィーンは徹底的な革命というものを嫌い、伝統や中庸を求める。

たとえばクリムトは伝統的な画風に抗議して、ウィーン分離派を結成した。しかしクリムトは反旗を翻しておきながら、徹底してその先の抽象へは向かわずに、伝統的な装飾美を追求した。アドルフ・ロースなどは「装飾は罪悪」といったが、ユーゲント・シュティルでは、装飾は重視されてきた。たしかにウィーン・モダニズムは、ハプスブルク家の消滅とともに終焉を迎え、今は存在しない。

ウィーンは多民族国家やハプスブルク帝国を養分にして成長していった。しかしナチスのオーストリア併合も大きな要因だったが、二〇世紀は民族独立運動の世紀でもあった。その意味ではハプスブルク帝国の内部解体は進行し、そしてそのウィーンの落日は歴史の必然であったのかもしれない。第二次世界大戦後、約八〇年がたとうとしている現在、いまなお、芸術の都はドナウ河、モーツァルト、ベートーヴェン、ハプスブルク帝国の栄光、ウィーンフィル、ウィーン・モダニズムの遺産によって生きている状態である。現在、われわれが見ているのは、ウィーンの過去の残照であるといえる。芸術の都としてのウィーンの復活は見果てぬ夢であるのだろうか。落日のノスタルジアから、ウィーンはフェニックスのようによみがえるのであろうか。

なお本書の出版に際し、多数の図版を使用したが、そのうちミツコの研究者、ドイツ在住のシュミット村木眞寿美さんが収集した資料から、図版の引用を許可していただいた。同様にミヒャエル・クーデンホーフの絵画について、ご遺族のマユミさんにも了承を得ることができた。お二人のご厚情に対し、こころからお礼を申し上げる。またその際、仲介の労を取っていただいた江夏画廊の江夏大樹社長にも感謝の意を表したい。さらに本書の出版にあたっては、明石書店の大江道雅社長のご高配を賜り、編集作業には小山光氏に大変お世話になった。このように多くの方がたのご支援によって、本書を世に出すことできることをうれしく思う。

二〇二四年九月

浜本隆志

初出一覧

*第Ⅱ部のクーデンホーフ゠カレルギーに関する第一章から第四章は、藪田貫・浜本隆志編著『EUと日本学――「あかねさす」国際交流』（関西大学出版部、二〇一二年）所収の拙稿「EUの父リヒャルト・クーデンホーフ゠カレルギー」に加筆修正を加えたものである。

*コラム8「日独伊、枢軸国のすきま風」については、『現代ドイツを知るための67章（第3版）』（明石書店、二〇二〇年）所収の拙稿「ヒトラーの日本観と日本のナチス観」の項目を一部改変した。

参考文献

饗庭孝男 他『ウィーン――多民族文化のフーガ』大修館書店、二〇一〇年
大津留厚『ハプスブルクの実験――多文化共存を目指して』中公新書、一九九五年
木村毅『クーデンホーフ光子伝』鹿島出版会、一九八六年
木村直司（編）『ウィーン世紀末の文化　新装版』東洋出版、一九九三年
ミヒャエル・クーデンホーフ・カレルギー『ドナウの流れる街ウィーン』ヒロメディア・インターナショナル（訳）、講談社出版サービスセンター、一九九四年
『クーデンホーフ・カレルギー全集』（全九巻）鹿島守之助 他（訳）、鹿島研究書出版会、一九七〇～七一年
シュミット村木眞寿美『ミツコと七人の子供たち』河出文庫、二〇〇九年
シュミット村木眞寿美（編・訳）『クーデンホーフ光子の手記』河出書房新社、一九九八年
フランソワーズ・ジルー『アルマ・マーラー　ウィーン式恋愛術』山口昌子（訳）、河出書房新社、一九八九年
関楠生『ヒトラーと退廃芸術――〈退廃芸術展〉と〈大ドイツ芸術展〉』河出書房新社、一九九二年
袖井林二郎『夢二　異国への旅』ミネルヴァ書房、二〇一二年
竹久夢二『夢二日記　3・4』長田幹雄（編）、筑摩書房、一九八七年
田野大輔『魅惑する帝国――政治の美学化とナチズム』名古屋大学出版会、二〇〇七年
中島義道『ヒトラーのウィーン』新潮社、二〇一二年
ヴェレーナ・フォン・デア・ハイデン＝リンシュ『ヨーロッパのサロン――消滅した女性文化の頂点』石丸昭二（訳）、法政大学出版局、一九九八年
林信吾『青山栄次郎伝――EUの礎を築いた男』角川書店、二〇〇九年
アドルフ・ヒトラー『わが闘争　上』平野一郎・将積茂（訳）、角川文庫、一九七三年
ポール・ホフマン『ウィーン――栄光・黄昏・亡命』持田鋼一郎（訳）、作品社、二〇一四年

アルマ・マーラー＝ウェルフェル『わが愛の遍歴』塚越敏・宮下啓三（訳）、筑摩書房、一九六三年
アルマ・マーラー『マーラーの思い出　新装復刊』酒田健一（訳）、白水社、一九九九年

Beck, U., u.a.: *Kosmopolitisches Europa*, Suhrkamp Frankfurt am Main 2004.
Benz, W., u.a.: *Enzyklopädie des Nationalsozialismus*, dtv München 1997.
Coudenhove=Kalergi, M.: *Michael Coudenhove- Kalergi*, Edition Wien 2001.
Coudenhove=Kalergi, R.: *Eine Idee erobert Europa, Meine Lebenserinnerungen*, Kurt Desch Verlag Wien München Basel 1958.
Coudenhove=Kalergi, R.: *Europa ohne Elend*, Paneuropa-Verlag, Paris-Wien-Zürich 1936.
Coudenhove=Kalergi, R.: *Pan-Europa, der Jugend gewidmet*, Wien-Leipzig 1926.
Coudenhove=Kalergi, R.: *Europa erwacht!,* Wien 1923.
Heise, U.: *Kaffee und Kaffeehaus*, Gustav Kiepenhauer Verlag, Leibzig 1996.
Lennhof, E., u.a.: *Internationales Freimaurerlexikon*, Amalthea-Verlag,Wien 1932.
Memoiren von Grafin Mituko Coudenhove-Kalergi, [Hrsg.] vom Verlag Cesky les Domazlice, 2005.
Ortsrat der Stadt Ronsperg [Hrsg.]: Ronsperg, A. Bernecker, Melsungen 1970.
Werfel, F.: *Die vierzig Tage des Musa Dagh* (Historischer Roman, 2 Bände), Bonn 1933.
Winkler, J., u.a.: *Oskar Kokoschka – Die Gemälde 1906–1929*. Verlag Galerie Welz, Salzburg 1995.
Ziegerhofer-Pretteenthaler, A.: *Botschafter Europas, Richard Nikolaus Coudenhove-Kalergi und Paneuropa-Bewegung in der zwanziger- und dreissiger Jahren*, Böhlau Verlag, Wien-Köln-Weimar 2004.

■ 著者紹介

浜本隆志（はまもと・たかし）
1944年、香川県生まれ。現在、関西大学名誉教授。ワイマル古典文学研究所、ジーゲン大学留学。ドイツ文化論、比較文化論専攻。
［主要著作］
『魔女とカルトのドイツ史』（講談社現代新書）
『ナチスと隕石仏像』（集英社新書）
『「笛吹き男」の正体』（筑摩選書）
『現代ドイツを知るための67章』（編著、明石書店）
『ポスト・コロナの文明論』（明石書店）
『ベルリンを知るための52章』（共著、明石書店）
など多数。

世界歴史叢書
芸術の都ウィーンとナチス
――アルマ・マーラー、青山ミツコの「輪舞」

2024年10月31日　初版第1刷発行

著　者　浜本隆志
発行者　大江道雅
発行所　株式会社 明石書店
〒101-0021　東京都千代田区外神田6-9-5
電　話　03（5818）1171
ＦＡＸ　03（5818）1174
振　替　00100-7-24505
https://www.akashi.co.jp/

装　丁　明石書店デザイン室
印刷・製本　モリモト印刷株式会社

（定価はカバーに表示してあります）
ISBN978-4-7503-5798-0

●世界歴史叢書●

米墨戦争前夜のアラモ砦事件とテキサス分離独立
アメリカ膨張主義の序幕とメキシコ
牛島万 著　◎3800円

テュルクの歴史
古代から近現代まで
カーター・V・フィンドリー 著
小松久男 監訳　佐々木紳 訳　◎5500円

バスク地方の歴史
先史時代から現代まで
マヌエル・モンテロ 著　萩尾生 訳　◎4200円

リトアニアの歴史
アルフォンサス・エイディンタス、アルフレダス・ブンブラウスカス、アンタナス・クラカウスカス、ミンダウガス・タモシャイティス 著
梶さやか、重松尚 訳　◎4800円

カナダ人権史
多文化共生社会はこうして築かれた
ドミニク・クレマン 著　細川道久 訳　◎3600円

ロシア正教古儀式派の歴史と文化
阪本秀昭・中澤敦夫 編著　◎5500円

ヘンリー五世
万人に愛された王か、冷酷な侵略者か
石原孝哉 著　◎3800円

近代アフガニスタンの国家形成
歴史叙述と第二次アフガン戦争前後の政治動向
登利谷正人 著　◎4800円

ブラジルの都市の歴史
コロニアル時代からコーヒーの時代まで
中岡義介、川西尋子 著　◎4800円

アメリカに生きるユダヤ人の歴史【上巻・下巻】
【上】アメリカへの移住から第一次大戦後の大恐慌時代まで
【下】ナチズムの登場からソ連系ユダヤ人の受け入れまで
ハワード・モーリー・サッカー 著
滝川義人 訳　◎各巻8800円

香港の歴史
東洋と西洋の間に立つ人々
ジョン・M・キャロル 著
倉田明子、倉田徹 訳　◎4300円

フィンランド 武器なき国家防衛の歴史
なぜソ連の〈衛星国家〉とならなかったのか
三石善吉 著　◎3500円

アラゴン連合王国の歴史
中世後期ヨーロッパの一政治モデル
フロセル・サバテ 著　阿部俊大 監訳　◎5800円

ブルキナファソの歴史
苦難の道を生き抜く西アフリカの内陸国
竹内亜樹人 著　◎5800円

芸術の都ウィーンとナチス
アルマ・マーラー、青山ミツコの「輪舞」
浜本隆志 著　◎2500円

——◆以下続刊

〈価格は本体価格です〉

ベルリンを知るための52章
エリア・スタディーズ 194 浜本隆志、希代真理子著 ◎2000円

現代ドイツを知るための67章【第3版】
エリア・スタディーズ 18 浜本隆志、髙橋憲編著 ◎2000円

ドイツの歴史を知るための50章
エリア・スタディーズ 151 森井裕一編著 ◎2000円

ポーランドの歴史を知るための56章【第2版】
エリア・スタディーズ 181 渡辺克義、白木太一、吉岡潤編著 ◎2000円

ベルギーの歴史を知るための50章
エリア・スタディーズ 190 松尾秀哉編著 ◎2000円

ウィーン・オーストリアを知るための57章【第2版】
エリア・スタディーズ 19 広瀬佳一、今井顕編著 ◎2000円

ポスト・コロナの文明論 感染症の歴史と近未来の社会
浜本隆志著 ◎1800円

ドイツのマイノリティ 人種・民族、社会的差別の実態
世界人権問題叢書 72 浜本隆志、平井昌也編著 ◎2500円

ヨーロッパ・ジェンダー文化論 女神信仰・社会風俗・結婚観の軌跡
浜本隆志、伊藤誠宏、柏木治、森貴史、溝井裕一著 ◎2400円

ナチスに抗った障害者 盲人オットー・ヴァイトのユダヤ人救援
岡典子著 ◎2500円

独ソ占領下のポーランドに生きて 祖国の誇りを貫いた女性の抵抗の記録
世界人権問題叢書 99 カロリナ・ランツコロンスカ著 山田朋子訳 ◎5500円

第二次大戦下リトアニアの難民と杉原千畝 「命のヴィザ」の真相
シモナス・ストレルツォーバス著 赤羽俊昭訳 ◎2800円

ジャック・シラク フランスの正義、そしてホロコーストの記憶のために 差別とたたかい平和を願う演説集
ジャック・シラク著 松岡智子監訳 野田四郎訳 ◎1800円

ヒトラーの娘たち ホロコーストに加担したドイツ女性
ウェンディ・ロワー著 武井彩佳監訳 石川ミカ訳 ◎3200円

平和のために捧げた生涯 ベルタ・フォン・ズットナー伝
世界人権問題叢書 96 ブリギッテ・ハーマン著 糸井川修、中村実生、南守夫訳 ◎6500円

タタール人少女の手記 もう戻るまいと決めた旅なのに 私の戦後ソビエト時代の真実
ザイトゥナ・アレットクーロヴァ著 広瀬信雄訳 ◎1900円

〈価格は本体価格です〉

ヘレン・ケラーの日記 サリヴァン先生との死別から初来日まで
世界人権問題叢書 109
ヘレン・ケラー著 山﨑邦夫訳 ◎3000円

モルドヴァ民話
グリゴーレ・ボテザートゥ収集・語り
レオニドゥ・ドムニン挿絵 雨宮夏雄訳 中島崇文解説 ◎2500円

モスクワ音楽都市物語 19世紀後半の改革者たち
S・K・ラシチェンコ著 広瀬信雄訳 ◎2500円

ドイツ俳句と季節の詩
竹田賢治著 ◎3000円

ドイツの道徳教科書 5、6年実践哲学科の価値教育
世界の教科書シリーズ 46
ローラント・ヴォルフガング・ヘンケ編集代表
濵谷佳奈監訳 栗原麗羅、小林亜未訳 ◎2800円

ウクライナ全史（上・下） ゲート・オブ・ヨーロッパ
セルヒー・プロヒー著 鶴見太郎監訳
桃井緑美子訳 大間知知子翻訳協力 ◎各3500円

疫病の世界史 上 黒死病・ナポレオン戦争・顕微鏡 下 消耗病・植民地・グローバリゼーション
フランク・M・スノーデン著
桃井緑美子、塩原通緒訳 ◎各3000円

白から黄色へ ヨーロッパ人の人種思想から見た「日本人」の発見 1300年～1735年
ロテム・コーネル著 滝川義人訳 ◎7000円

黒人と白人の世界史 「人種」はいかにつくられてきたか
世界人権問題叢書 104
オレリア・ミシェル著
児玉しおり訳 中村隆之解説 ◎2700円

黒人法典 フランス黒人奴隷制の法的虚無
世界人権問題叢書 119
ルイ・サラ＝モランス著
中村隆之、森元庸介訳 ◎3800円

マチズモの人類史 家父長制から「新しい男性性」へ
イヴァン・ジャブロンカ著 村上良太訳 ◎4300円

ヨーロッパ中世のジェンダー問題 異性装・セクシュアリティ・男性性
世界人権問題叢書 115
赤阪俊一著 ◎5000円

ハロー・ガールズ アメリカ初の女性兵士となった電話交換手たち
エリザベス・コッブス著 石井香江監修 綿谷志穂訳 ◎3800円

兵士とセックス 第二次世界大戦下のフランスで米兵は何をしたのか？
メアリー・ルイーズ・ロバーツ著 佐藤文香監訳 西川美樹訳 ◎3200円

ジェット・セックス スチュワーデスの歴史とアメリカ的「女性らしさ」の形成
ヴィクトリア・ヴァントック著 浜本隆三、藤原崇訳 ◎3200円

ウイスキー・ウーマン バーボン、スコッチ、アイリッシュ・ウイスキーと女性たちの知られざる歴史
フレッド・ミニック著 浜本隆三、藤原崇訳 ◎2700円

〈価格は本体価格です〉